北京市社会科学基金青年项目“大数据驱动下北京市科创企业机会主义减持预警及防范研究”（编号：20GLC055）阶段性成果

会计文本语调对上市公司经济后果的影响研究

THE INFLUENCE OF THE ACCOUNTING TEXTUAL TONE ON THE ECONOMIC CONSEQUENCES OF LISTED FIRMS

吴冬晓◎著

经济管理出版社
ECONOMY & MANAGEMENT PUBLISHING HOUSE

图书在版编目（CIP）数据

会计文本语调对上市公司经济后果的影响研究 / 吴冬晓著．—北京：经济管理出版社，2021.7

ISBN 978-7-5096-8152-7

Ⅰ．①会…　Ⅱ．①吴…　Ⅲ．①会计分析—文本模式—影响—上市公司—会计信息—研究—中国　Ⅳ．①F279.246

中国版本图书馆 CIP 数据核字（2021）第 145197 号

组稿编辑：丁慧敏
责任编辑：丁慧敏
责任印制：黄章平
责任校对：陈　颖

出版发行：经济管理出版社
　　　　（北京市海淀区北蜂窝 8 号中雅大厦 A 座 11 层　100038）
网　　址：www.E-mp.com.cn
电　　话：（010）51915602
印　　刷：唐山玺诚印务有限公司
经　　销：新华书店
开　　本：710mm × 1000mm /16
印　　张：12.25
字　　数：180 千字
版　　次：2021 年 8 月第 1 版　　2021 年 8 月第 1 次印刷
书　　号：ISBN 978-7-5096-8152-7
定　　价：68.00 元

前言

PREFACE

财务舞弊事件的发生，使得提高信息披露质量、降低公司与投资者之间的信息不对称程度、保护投资者利益和金融市场稳定性显得尤为重要。以往投资者主要使用三大报表及其附注来捕捉与公司价值相关的信息。但是，一方面，近些年上市公司表外业务不断增加，传统的财务报表无法充分披露相关会计信息；另一方面，财务舞弊事件发生后，利益相关者对信息的相关性和前瞻性也提出了更高要求。在上述背景下，传统财务报表及其附注已无法满足市场需求，对公司披露信息中的文字进行解读为解决这一问题提供了方法和途径，给信息使用者带来了结构化数据难以呈现的丰富价值。

早期的会计学观点认为，会计文本只是基于通用模板所做的信息披露，仅包含样板式的文字、免责的声明、标准化的语句以及其他无关紧要的细节，并不具有信息价值。但现有研究结果已经证明，除了程序化的语句，会计文本还包含了语言色彩浓郁的情感表达：管理层会通过富有情感色彩的文本叙述方式，为阅读者展示一个有血有肉的动态的公司形象，使投资者更易理解公司的运营情况，并做出相应的投资决策。

国外大量研究结果已经证明，会计文本语调具有丰富的信息价值，经理人会通过文本语调向市场暗示公司未来的业绩，同时，市场也能够正确解读隐含在文本语调中的情感信息并做出一致性反应。现有关于会计文本语调的研究主要针对美国市场展开，但美国等欧美国家的语言是基于直白交流的低语境文化，而汉语等亚洲语言则属于高语境文化，往往包含隐晦的表达。另外，与发达国家市场相比，中国市场管理者面临的外部监管约束相对较弱。所以，国外关于会计文本信息的研究结论并不完全适用于中国。为此，本书选择内容翔实、经过审计的年报作为数据源，提取其中语言色彩最浓郁的部分——“管理层讨论与分析”所呈现的情感倾向作为自变量，基于信息经济学和行为金融学相关理论，分析管理层讨论与分析语调对上市公司经济后果产生的一系列影响，旨在探索：①中国上市公司高管是否会通过会计文本语调传递关于公司未来业绩水平的增量信息？②中国投资者是否会对会计文本语调产生显著的反应？③会计文本语调与股价未来崩盘风险是否存在关联？针对上述三个问题，经过详细的研究与论证，本书得到的主要结论如下：

首先，本书发现年报中的管理层语调与公司未来业绩之间具有显著正相关关系，管理层语调越积极，公司未来业绩越好。这一结果表明，管理层讨论与分析语调包含了管理层对于公司未来发展走向的预判，以及公司未来业绩水平的增量信息。同时，本书发现当公司高管货币薪酬占比较低、面临股权行权或离职压力时，管理层语调与公司未来业绩之间的正相关关系不再显著。这表明当高管面临利益冲突时，积极的管理层语调并不能在公司未来业绩水平上得到兑现，管理层语调存在“泡沫”现象。上述结论在更换自变量和因变量测量方法后依旧稳健。通过进一步分析，本书还发现：高股权集中度、高两权分离度、高管权力被分散的公司呈现的会计文本语调的信息含量较少。

其次，本书发现管理层讨论与分析语调越积极、股票累积超额收益越高，但该现象会随着时间的推移逐渐减弱直至消失。也就是说，仅在年报发布后短期内，投资者决策会受到管理层讨论与分析语调的显著影响，且语调越积极，公司股票累积超额收益率越高。同时，本书从大众媒体信息供给角度出发，验证了媒体议程设置功能对年报语调与超额收益率的影响，并且发现，网络媒体对企业高频、重复的报道会激发更强烈的市场反应。上述结论均通过了内生性检验和其他稳健性检验。在进一步区分信息环境和经济环境后，本书发现，当股票信息环境较差、分析师关注度较高、宏观经济运行良好时，投资者对公司的价值判断和投资决策更容易受到管理层语调的影响。

再次，本书发现公司高管可能会通过语调披露隐藏“坏消息”，增加公司股价崩盘风险：管理层语调越异常积极，上市公司未来股价崩盘风险越大。为了观察管理层语调隐藏的坏信息是否会在更早期显现，本书分别将股价崩盘风险的估计区间缩短至39周和28周，研究表明，窗口期缩短后，管理层语调与股价崩盘风险无显著关联关系。上述结果表明，管理层在会计文本信息披露过程中确实产生了语调操纵行为，但隐藏其中的坏消息只有当累积到一定程度时，才会突然集中释放到市场引发股价崩盘。同时，本书还对比了文本可读性与文本异常语调对股价崩盘风险的影响效果，研究表明，相较于操控文本的可读性，公司高管更多使用文本语调进行机会主义行为。

最后，本书发现积极的审计报告语调可以显著降低公司股价崩盘风险，且审计报告语调越积极，管理层异常语调与股价崩盘风险之间的正相关关系越弱。本书还发现，相较于“标准”或“非标准”的审计意见标注方式，审计报告语调可以更加全面、细致地体现审计师在审计报告中所呈现的态度。上述结果表明：①审计报告语调具有信息含量，通过细分每一篇审计报告所表达的积极或消极程度，能更加准确地获得审计师对公司财务披露质量的意见和对公司风险的预判。②审计报告作为外部公司治理机制，其呈现的文本信息可以间接监督和改善公司的会计文本信息披露环境、缩小管理层语调操纵的空间、提高管理层机会主义行为的成本。在加入工具变量、更换股价崩盘风险估计区间后，上述结论依旧稳健。在进一步区分高管过度自信程度、审计费用高低、公司产权性质后，本书发现：越是过度自信的高管，越不会进行语调操纵；上市公司支付的审计费用越高，审计报告语调对股价崩盘风险和高管语调操纵行为的抑制作用越强；不具有政治约束的非国有企业高管更容易产生语调操纵行为。

本书的学术贡献主要体现在：①已有关于中国会计文本语调的研究几乎都仅使用了翻译L&M词典方法，而本书则在翻译L&M情感词典方法的基础之上，通过构建人工标注情感语料库和使用Bootstrapping寻找相似词的方法，得到了更全面且适合中国财经会计文本情感分析的词典。并且，本书通过在语调量化模型中加入词性反转（没有/增加）和程度表达（大幅/增加）

的情景模式，完善了现有文本语调计算方法，以更加准确地捕捉文本呈现的情感。②已有关于管理层语调与公司未来业绩的研究大多假设语调信息是无偏的，本书则发现当管理层面临较强的利益冲突时，管理层语调不再能代表公司未来业绩。这一结论丰富了会计文本语调与公司业绩相关性之间的理论框架。③本书发现管理层讨论与分析语调对股票累积超额收益的影响有两个限制条件：一是随着时间的推移，该影响效应会逐渐减弱直至消失；二是媒体对企业高频、重复性的报道会激发市场对文本语调产生更强烈的反应，上述结论丰富了已有股票市场对会计文本语调反应文献的研究框架。④本书从管理层异常语调与股价崩盘风险之间的关系入手，直接证实了中国上市公司高管语调操纵现象，丰富了已有关于管理层语调操纵和股价崩盘风险影响因素的文献研究。⑤目前尚无文献讨论审计报告语调对于股票市场反应的影响，本书通过剥离审计报告中的程序化语句，量化了其中的情感表达。本书发现审计报告语调越积极，公司未来股价崩盘风险越小，管理层讨论分析的异常语调与股价崩盘风险之间的正向关系越弱。上述研究丰富了股价崩盘风险影响因素的同时，也扩展了会计文本研究范围。

本书的研究结果还具有以下现实意义：当前，由于大量的财务报告、盈余公告、电话会议、公司路演等信息被披露在网络平台，使得会计领域处于一个信息爆炸的新时代。面对这些海量的信息，除了已经被充分重视的机构化财务数据信息，会计文本信息含量越来越受到监管和市场的重视。本书的研究结论首先为投资者理解和利用会计文本信息提供了参考依据，其次为提高上市公司文本信息披露和管理效率提供了指导方案，最后为政府相关部门进一步完善会计文本信息披露相关法律法规提供了可行线索。

目 录

CONTENTS

第1章

导 论

1.1 研究背景

1.1.1 令人费解的财务信息

美国著名投资者、企业家沃伦·巴菲特（Warren Buffett）在 *A Plain English Handbook*[①] 的序言里为“令人费解的财务信息”做了最好的陈述：“有时我或者其他人读不懂某份财务报表附注或合同的原因可能在于：也许没有财务知识背景的人无法对财务信息进行有效解读……但最重要的是，公司财务信息披露中生硬的‘行话’和复杂的结构会导致严重的沟通问题，管理层无法向投资者传递有效信息，投资者无法了解公司运营情况。”由此可见，“令人费解的财务信息”不仅困扰着不具有专业知识的普通人，即使是投资能力超群的“股神”偶尔也为之烦恼。

打开任何一家上市公司的招股说明书、年度报告或业绩报告就可以发现，虽然它们所披露的财务信息意在向公众提供所属公司的信息，但这些文件都充满着没有被说明的专业用词、不易理解的计算方式以及结构复杂的句子。对于没有财务专业知识的中小投资者而言，这类复杂的文件似乎与天书无异。

---

① SEC Office of Investor Educationand Assistance. A Plain English Handbook: How to Create Clear SEC Disclosure Documents [M]. Washington, DC: DIANE Publishing, 1998.

1.1.2 了解公司的另一扇门：管理层讨论与分析

假如只有一刻钟阅读一份年报，首先看哪部分的内容呢？三大报表及其附注？财务数据摘要？也许对于不具有财务背景的阅读者而言，管理层讨论与分析（Management's Discussion and Analysis，MD&A）是最好的选择。MD&A将散布在年报各章节的主要内容汇总起来，站在管理层的角度，为阅读者展示了一个有血有肉的动态公司形象，使投资者更易了解公司运营的实质。

2002年安然、世界通信等会计丑闻事件后，美国国会和政府加速通过了《萨班斯—奥克斯利法案》(*Sarbanes-Oxley Act*)，并提出："管理层最重要的职责包括用清晰和直接的方式同投资者沟通。"MD&A也随之成为SEC应对安然会计丑闻采取的重要修正措施。2005年中国证监会对《信息披露内容与格式准则第二号——年度报告的内容与格式》中关于年报披露规范进行了大范围的修订，其中最重要的部分是《年报准则》首次提出MD&A的概念，并强调MD&A是公司年报中财务数据的重要补充。

如上所述，MD&A已被各国监管机构明确定义为财务报表的重要补充，承担了上市公司向外部信息使用者提供公司内部管理层对企业经营状况的分析总结以及预判对公司未来发展机遇与风险的重要责任。尽管在很多情况下，管理者未必一定是MD&A的执笔者，但是在MD&A的撰写过程中必须要征求管理者的意见、采纳其观点，完成后也必须通过管理者的审阅，并且最终也由管理者负责承担相应的法律责任。因此，无论是监管政策要求还是实际操作中，MD&A都起到了公司管理层向市场展示对公司运营状况总结和未来发展预判的作用。

此外，近年来上市公司所从事的业务形式愈加复杂，表外业务不断增加；安然事件后，公司年报等使用者对会计信息的相关性和前瞻性的需求更加强烈。这种情况下，MD&A为解决上述问题提供了可能。MD&A作为公司年报中财务数据的定性补充，提供了传统财务报表及其附注所无法提供的信息，尤其是对表外业务、公司面临的风险和解决方案、公司未来发展前景等都进行了披露，可以帮助投资者更好地了解公司，避免了非正式渠道信息披露所产生的误传风险。

1.1.3 带着“话音”的文本语调

用通俗易懂的语言撰写的财务信息与用专业性极强的术语撰写的财务信息必然不同，除此之外，撰写者在书写信息过程中插入的情感表达（如多使用积极乐观的词句）也会在一定程度上影响阅读者。

国外现有大量的研究结果已经证明，会计文本语调具有丰富的信息价值，经理人会通过乐观或悲观的语言向投资者暗示公司未来的业绩（Loughran & Mcdonald，2011；Demers & Vega，2011；Bochkay & Levine，2019），且市场能够正确解读隐含在文本中的语调信息，从而做出与该信息情感方向相一致的反应（Tetlock et al.，2008；Feldman et al.，2010；Demers & Vega，2011；Davis et al.，2015；Agarwal et al.，2016；Brockman et al.，2017a，2017b；Jiang et al.，2019）。此外，部分学者还发现，管理层会出于利己动机策略性地披露会计文本语调，误导投资者对公司基本面的认知（Larker & Zakolyukina，2012；Huang et al.，2014b；Brockman et al.，2017a；Ahn et al.，2019）。

但是已有研究还存在一些不足：①国外广泛使用的Harvard、Henry、DICTION和L&M情感词典均不适用于非英语书写的会计文本情感分析。多数中国学者通过翻译L&M情感词典的方式构建了相应的中文金融情感词典，但基于美国年报数据形成的L&M情感词典本质上并不适用于中国金融市场。②现有会计文本语调研究以美国金融市场为主，相应的研究结论也并不能直接运用在具有不同文化背景和市场制度的其他国家。③尽管上市公司管理者未必一定是会计文本的执笔者，但是由于会计文本在撰写时需要征求管理者的意见、采纳其观点，完成后也必须通过管理者的审阅，并且最终也由管理者负责承担相应的法律责任。因此，管理层的行为动机以及个人特征将决定会计文本披露的内容与特征，但以往对中国上市公司会计文本特征的研究并未足够重视这一点。④以往对会计文本语调影响效应的研究，大多集中于公司盈余、股票价格、股票交易量等方面，研究会计文本语调与风险之间的文献并不多见。⑤现有的会计文本信息来源多集中于年报、季报、业绩公告、招股说明书、电话会议和分析师报告，企业社会责任报告、公司路演、高管演讲和审计报告等其他文本信息尚未得到广泛的研究。

1.1.4 网络大数据提供的契机

在最初阶段，由于会计文本难以量化，人工阅读的方法不仅成本高昂，且会产生很强的主观性偏差，因此会计文本分析工作常被忽略，甚至其呈现的价值并不受认可（Li，2010a）。但近十年，大数据相关技术突飞猛进的发展改变了许多行业的业态。自然语言处理（Natural Language Processing，NLP）是大数据时代下机器学习技术应用的重要方向之一，NLP 将文本语言与计算机语言相互转化，使用计算机实现人力所难以处理的大样本数据分析工作。2006 年，Henry 首次将自然语言处理引入财经领域的文本分析，随后大量的国外研究量化了会计文本语调。但是相较于英文，中文的独特属性使得其进行自然语言处理时难度较高，因此，与国外相比，目前国内将计算机文本挖掘技术应用到财经领域的研究还较少。

随着我国将大数据战略作为国家顶层设计写入“十三五”规划，金融科技将迅速发展，公司信息披露也开始迈入一个信息爆炸的新时代。因此，如何运用计算机信息挖掘技术获取海量会计文本、解读其中呈现的信息、构建特征变量来解决众多的会计财务问题，都将成为我国会计领域的重点研究方向。

1.2　提出问题

在以上背景下，中国情景下的会计文本情感研究是非常迫切的。针对这一需要，本书将从探索会计文本语调的正面价值和负面影响两方面，层层递进地研究会计文本语调与上市公司经济后果之间的关系。“经济后果”是指会计报告对企业、政府、工会、投资者和债权人决策行为的影响（Zeff，1978）。在本书中，我们选择从公司收益和风险两个角度入手，观察会计报告中文本语调对上市公司经济后果的影响。具体而言，一方面，我们选择量化上市公司信息披露中的文本语调，验证该语调所呈现的增量信息价值和获得的股票市场反应；另一方面，我们选择量化会计文本语调中不能被公司基本面财务数据所解释的部分［参考 Huang et al.（2014a），将该部分称为“异常语调”（Abnormal Tone）］，以检验公司管理层语调信息披露中隐藏的风险。在会计文本的选择上，我们参考 Loughran & McDonald（2011，2014）、Bochkay & Levine（2019），选择上市公司年度报告中的管理层讨论与分析（MD&A）作为研究样本[①]，量化 MD&A 语调代表年报中管理层语调，并以此开展如下工作：

首先，我们选择研究我国会计文本语调信息披露的有效性，这一问题直接体现为公司高管是否会通过 MD&A 语调向外界传递有价值的信息。如果 MD&A 语调不能给投资者带来关于公司未来经营的增量信息，那么无论是监管机构还是投资者都无须在 MD&A 语调信息上浪费时间。如果 MD&A 语调与公司未来业绩存在显著关联，那么带有情感倾向的 MD&A 披露则具有

① 相较于季报、中期财务报告、电话会议纪要、路演等其他会计文本，由于公司年度报告经过了注册会计师的审计，年报中呈现的消息更为可靠也更容易引起市场重视。MD&A 作为公司年报中财务数据的定性补充，是公司年报中语言色彩最浓郁的部分，向外界更加生动地展示了公司管理层对于公司过去经营状况的分析总结以及对公司未来发展前景的展望。

重要的价值。因此，我们提出第一个问题：公司高管在披露 MD&A 时会通过文本语调传递关于公司未来业绩的增量信息吗？同时，基于代理理论，管理者普遍具有通过炒作信息获取个人利益的动机。因此，我们继续提出如下问题：当管理层面临利益冲突时，嵌入在 MD&A 语调中的信息价值是否依旧可靠呢？对这一问题的研究将扩展会计文本语调信息传递效应的理论框架。

其次，上述问题的提出和解决从信息披露主体（管理层）角度出发，验证了会计文本语调的信息含量。接下来，我们选择从信息阅读者（市场投资者）角度出发，研究我国股票市场对管理层语调的反应。所以很自然的问题是：市场投资者是否会对年报中的管理层语调传递的信息做出显著反应，这一反应具有时效性吗？值得注意的是，股票市场投资者对公司的反应，是基于对公司相关信息搜集和分析进行的。媒体作为上市公司与投资者间的信息中介，在信息的筛选、分析和传递中起着重要的桥梁作用。那么，媒体报道在上市公司会计文本语调信息披露与股票市场反应之间又扮演着什么角色呢？如上问题得出的结论可以用来验证中国资本市场对会计文本语调的反应机制，并通过引入时间效应和议程设置理论探索了该反应机制的理论边界。

最后，上述问题的解决可以证实股票市场投资者对会计文本语调的反应，那么反过来看，管理层是否会利用这一特点，出于利己动机策略性地披露会计文本语调，误导投资者对公司基本面的认知呢？我们参考 Huang et al.（2014a）量化 MD&A 语调中不能被公司基本面数据所解释的部分——异常语调，以检验会计文本语调中隐藏的风险。根据坏消息隐藏假说（Jin & Myers，2006），管理者出于固位、升迁、薪酬合同、帝国构建等自身利益诉求，一般倾向于隐藏或推迟坏消息的披露，这些累积的坏消息未来可能引起公司股价崩盘风险。基于此，我们提出如下问题：独立于公司基本面数据的异常语调中，是否包含了可能导致公司未来股价崩盘风险的欺骗性信息？此外，作为公司外部治理机制的重要组成部分，独立审计通过识别财务报告中的误导性和虚假性陈述，可以有效改善上市公司与投资者间的信息不对称问题，监督和约束管理层机会主义行为。值得注意的是，审计师出具的审计报告中除了基于通用模板的结构化句子，还包括了具有情感标签的、传递审计师观点和看法的非结构化句子。基于此，我们提出如下问题：审计报告语调可以解释公司股价崩盘风险、影响管理层语调操纵行为吗？对上述问题的研究探索性地量化了审计报告呈现的文本语调，并从股价崩盘风险和管理层语调操纵两个角度，深入论证了审计报告语调这一“非结构化”信息所起的外部治理与监督机制，完善了会计文本语调与股价崩盘风险之间的理论框架。

1.3 结构安排

针对上述研究内容，本书的结构安排和研究框架（见图 1–1）如下：

第 1 章 导论。介绍研究背景、目的及意义，提出本书所要解决的问题，确定主要研究内容、研究方法和技术路线。

第 2 章 理论基础及文献回顾。对相关理论和文献进行梳理，找到解决问题的切入点。

第 3 章 会计文本语调量化研究。从情感语料库的采集和预处理、情感词典的构建和文本语调量化模型的构建三个方面系统地介绍了本书量化会计文本语调的全过程。

第 4 章 会计文本信息价值与管理者利益冲突。对年报中的管理层语调与公司未来业绩进行回归分析，并从高管货币薪酬激励、股权激励锁定期、CEO 变更压力三个方面验证高管利益冲突对 MD&A 语调与公司未来业绩的调节作用。

第 5 章 会计文本语调与股票市场反应。使用窗口期滑动的方式验证管理层讨论与分析语调对股票累积超额收益率的影响。使用爬虫技术抓取目标上市公司的新闻报道数量，研究公司获取的媒体曝光度对 MD&A 语调市场反应的框架效应。

第 6 章　会计文本语调与股价崩盘风险。本章主要分为三个部分，先对年报中的异常管理层语调与股价崩盘风险进行回归分析；再讨论审计报告与股价崩盘风险之间的相关关系；之后验证审计报告语调对管理层讨论与分析异常语调与股价崩盘风险之间的调节效应。

第 7 章　总结。主要包括本书的结论以及对未来研究的展望。

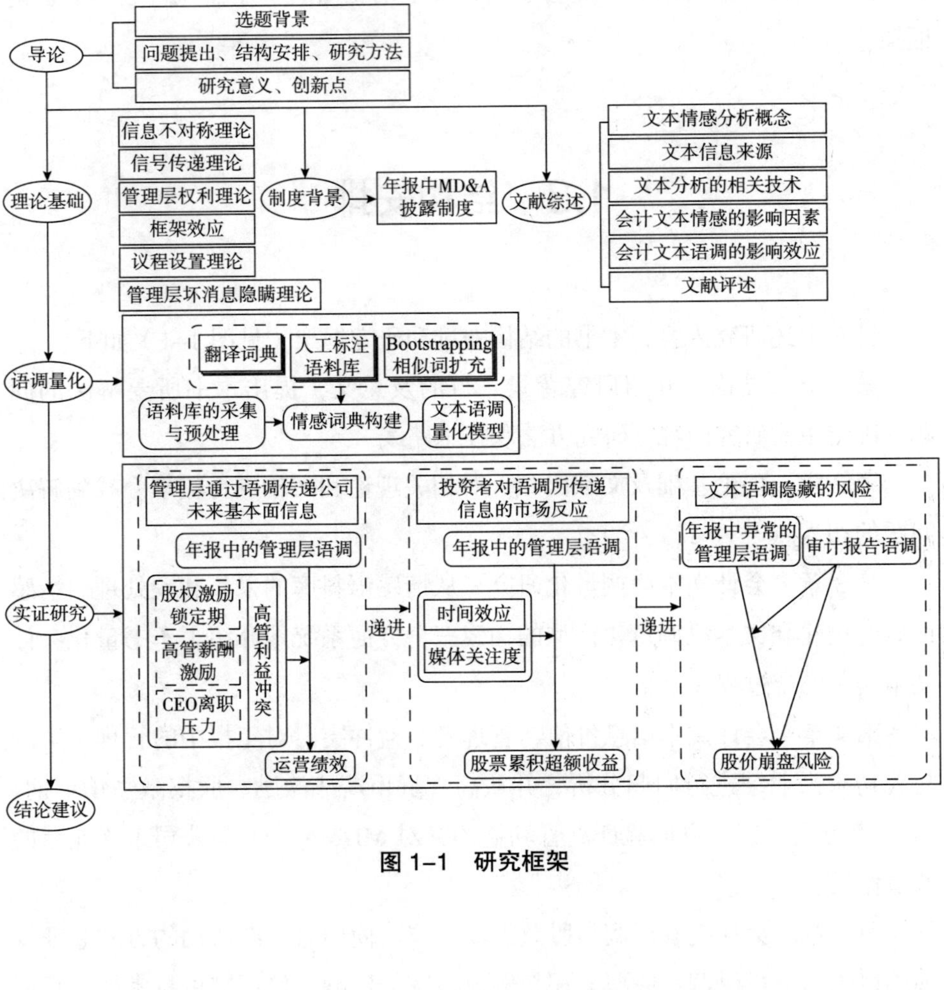

图 1-1　研究框架

1.4 研究意义

1.4.1 理论意义

本书的研究具有重要的理论价值，完善了会计文本语调信息价值的理论框架。

第一，本书为中国财经领域情感词典的构建和扩充提供了可行思路。目前使用词典法分析中国会计文本语调的研究主要有：林乐和谢德仁（2016，2017）、曾庆生（2018）、甘丽凝等（2019）、孟庆斌等（2019）和 Yan et al.（2019）等。但他们的文本语调测量方法具有一定的局限性：①仅通过翻译源于美国上市公司年报数据的 L&M 情感词典并不能高质量地涵盖中国金融会计文本情感词汇。②上述研究的应用对象大多是业绩说明会等相对口语化的短文本，与公司规范性披露有很大区别。本书通过翻译 L&M 情感词典获取种子词汇、构建人工标注情感语料库得到关键词、基于 Bootstrapping 寻找相似词相结合的方式，得到适合中国金融会计情感文本分析的词典。

第二，本书为中国股票市场是否有效提供了证据。Malkiel & Fama（1970）根据市场对信息反应的效率提出了著名的有效市场假说（Efficient Market Hypothesis，EMH）。EMH 理论认为，投资者是完全理性的，股票价格反映了目前市场上所有的信息，任何套利者都无法获取超过市场平均水平的超额收益。根据 EMH 理论，公司高管的任何管理办法都不能获得超过市场水平的超额收益，那么该理论是否适用于中国股票市场呢？针对该问题，本书从管理层会计文本语调披露角度出发，对管理层文本语调管理是否能够获得超额收益进行检验，以获得的结论验证中国股票市场有效性。

第三，本书对行为金融学中投资者行为偏差提供了证据。有限理性假说认为，信息对股价产生影响的原因并不在于信息拓展了投资者的知识存量，而在于其影响了投资者在认知局限时的行为选择（杨继东，2007）。由于时间和精力限制，投资者无法在遍历所有股票后做出投资决策，因此投资者只会对能引起其关注的股票感兴趣（Barberis & Thaler，2003）。本书从会计文本情感表达的框架效应和媒体议程设置功能角度出发，为有限理性投资者行为偏差提供直接证据。

第四，本书对管理层坏信息隐藏行为提供了证据。Jin & Myers（2006）在委托代理框架下，形成了"管理层坏信息隐藏假说"，该假说认为在所有权与经营权分离的现代企业中，管理者出于自身利益诉求，一般会选择隐藏或推迟坏消息的披露，当这些坏消息累积到极限时，会一次性集中释放到资本市场上，从而对公司股价造成极大的负面冲击并最终导致崩盘。本书从高管薪酬激励、股权激励锁定期和离职压力三方面验证了管理层利益冲突对公司高管文本语调信息含量的影响，间接证明了管理层语调操纵的可能性。更进一步地，本书通过研究年报中管理层异常语调、审计报告语调与股价崩盘风险之间的关系，为管理层坏消息隐藏行为提供了直接的证据。

1.4.2 现实意义

本书还具有如下突出的现实意义：

第一，在浩瀚如烟的大数据时代，帮助信息使用者发现和利用有价值的会计文本信息。当前，大量的财务报告、盈余公告、电话会议、公司路演等信息披露在网络平台中，使得会计领域处于信息爆炸的新时代。面对这些海量信息，除了已经被充分重视的结构化财务数据信息，还有哪些信息具有重要价值而未被重视的呢？本书研究发现，会计文本信息中的管理层语调包含了公司未来经营绩效的增量信息，且市场会对该语调产生短期的显著反应。因此信息使用者可以结合财务报告中的文本披露信息，对公司未来发展和其他报表数据中无法呈现的内容进行更好的理解和预判。值得注意的是，本书发现会计文本语调不仅包含了公司未来经营绩效的增量信息，还可能隐藏了公司的坏消息，公司高管面临的利益冲突和审计报告呈现的情感倾向则可以成为辨别管理层语调无偏与否的重要依据。因此，本书的研究结论在提醒投资者重视会计文本所包含的价值信息的同时，还为投资者识别潜在风险提供了可参考依据。

第二，为提高上市公司信息披露和管理效率提供建议。公司与投资者之间的信息传递是一个动态的重复博弈过程，如果上市公司试图让投资者信任其披露的信息并做出相应的投资行为，那么公司在披露信息时需要注重信息的可靠性和时效性。管理层虽然可以通过语调修饰的方式掩盖或延时披露公司负面消息，以避免股价下跌等不利经济后果发生，但是当累积的负面信息隐藏成本过高时，这些信息会一次性集中散播到市场，最终导致股价崩盘。因此公司应该加强对会计文本信息披露质量的管理，传递增量信息吸引投资者的同时，有效降低可避免的风险。

第三，为政府相关部门进一步完善相关法律法规提供线索。近年来监管部门对公司管理层讨论与分析部分信息披露的要求不断提高，但是仍未出台明确、具体的要求和规范。本书证明了管理层讨论与分析语调对公司积极影响效应的同时，也发现了其隐藏的风险。因此，相关监管部门科学地制定相关规则，提高管理层讨论与分析的披露质量，对于保护投资者利益、促进公司未来长远发展、保证中国金融市场健康发展、维护资本市场平稳运行具有重要意义。但是，由于会计文本信息具有难以定量评判的特点，因此相关政府部门对会计文本信息的监管一直难以实现。本书的研究结果恰好为考核和评价会计文本披露质量提供了新的线索，相关部门可以考虑在监管评价系统中加入管理层异常语调作为相应的质量评价指标。

1.5　创新点

尽管已有的大量文本语调分析研究表明，会计文本语调包含增量信息并引起与其情感方向一致的市场反应（Demers & Vega，2011；Loughran &

McDonald, 2011; Davis et al., 2012; Price et al., 2012; Davis et al., 2015; Agarwal et al., 2016; Brockman et al., 2017a, 2017b; Jiang et al., 2019)。相较于国外，中国关于公司披露文本信息语调的研究尚处于新兴阶段。本书从信息传递、市场反应、潜在风险三个方面层层递进、系统地研究了中国会计文本语调对上市公司经济后果的积极和消极影响，并通过引入管理层利益冲突、媒体大众议程设置和审计监督三个层面，深入探寻会计文本语调影响效应的作用机制，推动了我国会计文本语调研究。具体的创新点如下:

1.5.1 进一步丰富了中国财经领域情感词典和文本语调量化模型的研究

已有关于上市公司信息披露文本语调研究的文献几乎全部使用翻译 L&M 情感词典的方式量化文本语调（谢德仁和林乐，2015，2017；曾庆生等，2018；甘丽凝等，2019；Yan et al.，2019）。但是，实际上 L&M 情感词典是根据大量的美国上市公司年度报告（10-Ks）研究积累形成的，与我国的会计用语和中文语言习惯，甚至是社会经济状况有很大的不同。翻译 L&M 情感词典不能高质量涵盖中国金融会计文本情感词汇。本书在选择翻译 L&M 情感词典的同时，参考机器学习情感分析方法，通过构建人工标注情感语料库得到关键词和寻找相似词相结合的方式，得到更全面、丰富且适合中国财经文本情感分析的情感词典。

同时，已有研究对于会计文本语调的测量都是直接使用简单比例加总权重的方法，将积极词数与消极词数之差，与积极词数与消极词数之和做比（Price et al.，2012）；或积极词数与消极词数之差，与年报总词数做比（曾庆生等，2018）。但这种方法无法解决情感表达程度（大幅 / 增加，小幅 / 下滑）、词性翻转（未 / 降低，无 / 异常波动）等问题，文本则通过在词语的位置向前搜索 1 个或 2 个位置来查找情感词和否定词解决上述问题。

1.5.2 拓展了会计文本语调与公司业绩的研究

已有研究证明，会计文本语调具有丰富的信息价值，经理人会通过乐观或悲观的语言来向投资者暗示公司未来的业绩（Loughran & Mcdonald，2011；Demers & Vega，2011；Bochkay & Levine，2019；谢德仁和林乐，2015）。但上述研究默认会计文本语调所包含的信息是无偏的。本书通过引入高管冲突的调节效应，扩展了关于会计文本语调对公司盈余影响效应的文献。研究发现，会计文本语调虽然包含了管理层关于公司未来预期的增量信息，但当高管面临货币激励较少、股权激励处于锁定期、CEO 离职压力较高等利益冲突时，嵌入会计文本语调中的信息可靠性显著降低。此外，高股权集中度、高两权分离度的公司呈现的会计文本语调的信息含量也较少。上述结果均丰富了会计文本语调与公司业绩相关性研究的理论框架。

1.5.3 丰富了会计文本语调与股票超额收益的研究

本书扩展了会计文本语调与股票市场反应的相关研究。研究发现，与外国资本市场对会计文本语调的反应时效不同（Arslan-Ayaydin et al.，2015），中国股票市场对年报管理层语调异常反应的持续时间要更长些。同时，不同于业绩说明会语调对股票累积超额收益的影响随着时间推移而更加显著的结论（林乐和谢德仁，2016），文本发现，我国股票市场对年报这种非即时性、可提前编制的文本语调的反应会随着时间的推移逐渐减弱直至消失。此外，研究还发现，媒体报道在会计文本使用者中具有“议程设置”功能，媒体对企业的高频、重复性报道会激发公众关注度，进而促进股票价格对 MD&A 语调的短期反应。在进一步研究中，文本还发现，当宏观经济运行良好、股票信息环境较差、分析师关注度较高时，MD&A 语调对股票累积超额收益率的正向影响越显著。上述结论皆丰富了已有股票市场对会计文本语调反应文献的研究框架。

1.5.4 扩充了管理层语调操纵行为的研究

部分学者发现，管理层会出于利己动机策略性地披露会计文本语调，误导投资者对公司基本面的认知（Larker & Zakolyukina，2012；Huang et al.，2014b；Brockman et al.，2017a；Ahn et al.，2019）。但上述文章大多从会计文本情感词使用（Larker & Zakolyukina，2012）、财报中管理层异常语调与公司盈利能力（Huang et al.，2014b）、财务报告披露后公司高管股票交易行为（Brockman et al.，2017a；曾庆生等，2018）角度出发，验证公司高管语调操纵现象。本书则选择量化 MD&A 语调中不能被财务数据信息解释的异常语调，并研究该语调与股价崩盘风险之间的关系，直接验证管理层是否通过隐藏坏消息的方法修饰会计文本语调。我们发现，管理层异常语调越积极，公司未来股价崩盘风险越高。

我们的研究还为电话会议和财务报告中文本语调管理行为差异提供了新的证据，Fu et al.（2019）认为管理层语调具有预测股价崩盘风险的能力，美国上市公司电话会议语调较消极的公司，未来股价崩盘风险更高。我们认为，与电话会议等即时性双向交流方式不同，年报作为一种提前编制的披露方式更容易被粉饰，而我们关于年报中管理层异常语调越积极、公司未来股价崩盘风险越高的结论，恰好证实了上述猜测。

1.5.5 开拓了文本情感分析信息来源的研究范围

已有关于第三方披露信息情感文本研究范围主要包括：①新闻报道（Tetlock，2007，2008；Sinha，2010；Engelberg et al.，2012；Ferguson et al.，2012；Garcia，2013）。②分析师报告（Kothari et al.，2009；Rees & Twedt，2012；Buehlmaier，2013；De Franco et al.，2014；Huang et al.，2014a）。③信用评级报告（Agarwal et al.，2016；Kiesel，2016）等。本书通过量化和分析审计报告语调，发现审计报告语调越积极，公司未来股价崩盘风险越小、管理层语调与股价崩盘风险间的正向关系越弱。同时，我们还

发现，即使在模型中加入审计报告意见作为控制变量，审计报告语调对股价崩盘风险的负向作用依旧显著。相较于“0 或 1”的信息标注方式，审计报告语调使用连续变量更加全面、细致地展现了审计师在审计报告中所呈现的态度。在进一步分析中，我们还发现支付更高审计费用的公司，审计报告语调对管理层语调操纵的抑制作用更强烈。在这种背景下，上述研究结果在丰富会计文本语调理论研究的同时，也为有效管理公司高管文本信息披露、降低股价崩盘风险提供了新思路。

1.6 研究方法与技术路线

研究方法与技术路线见图 1–2。

第一，规范研究法。该方法首先假定会计目标，并在此基础上采用逻辑推理的研究范式，属于会计理论研究的主要方法之一。本书在梳理国内外关于会计文本信息披露文献的基础上，总结已有研究结论并挖掘其中的不足，找到可以进一步拓展的研究方向。其次，本书结合中国证券市场中会计文本信息披露制度的演进过程，进一步锁定研究目标。最后，本书以信号传递理论、框架效应、管理层坏信息隐瞒假说等理论为基础，结合现有制度背景和现状，从理论层面阐述会计文本信息对市场可能产生的影响。

第二，实证分析法。相较于规范研究范式，实证研究以统计分析方法为主要研究手段，利用历史数据对事物进行解释和预测。本书使用了传统金融学理论计算了股票超额收益率、收益偏态系数和收益上下波动率；使用 Pearson 相关方法对全样本所有变量的有关数据特征进行相关系数检验；使用 OLS 回归、固定效应、分组检验、稳健性检验等方法对会计文本语调、对上市公司经济后果的影响进行了实证检验。

第三，计算机自然语言处理相关技术与方法。使用爬虫技术完成从新浪财经自动抓取年度报告、对所抓取语料进行格式转化、正则匹配、词句切分等预处理工作。构建情感词典时，通过翻译词典获取种子词、TF_IDF算法提取人工标注语料库情感关键词、Word 2 vec算法形成词向量、Bootstrapping算法查找相似词三种方法相结合的方式，构建适用于中国财经领域文本情感分析的情感词典。在量化文本情感指标时，使用“词袋法”（Bag of words，也被称为词典法），基于前文构建好的专业情感词典对目标语料进行分词和量化。

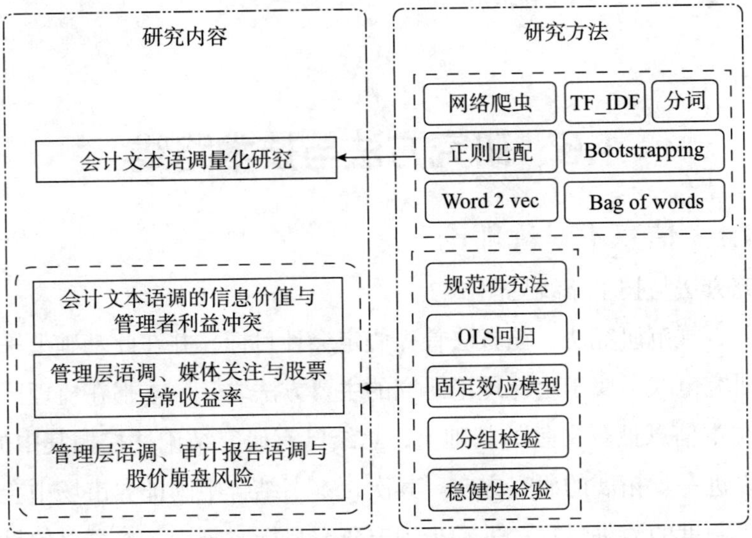

图 1-2　技术路线

第2章

理论基础及文献回顾

2.1 理论基础

2.1.1 信息不对称理论

这种情况下，处于信息优势当事人可能出于个人利益谋取目的，损害处于信息劣势当事人的利益。信息不对称既包括信息内容的不对称，也包括信息产生时间的不对称。具体而言，信息内容不对称包括双方知识不对称和双方事后互有信息不对称两类。双方知识不对称指的是一方对另一方诸如能力等无法观测知识的不了解，属于隐藏信息模型；双方事后互有信息不对称则属于隐藏行动模型。此外，信息发生时间的不对称性，基本上是由事件发生前的不对称和事件发生后的不对称组成，事前的不对称性为逆向选择，事后的不对称性为道德风险。逆向选择是信息优势方在事前故意隐瞒信息以获取超额利润的行为，典型的案例是“柠檬理论”，比如：由于二手车的销售者知道汽车的实际质量，但购买者不了解该信息，因此买方可能会以二手车市场上的平均价格进行交易。上述结果会导致高品质的二手车退出市场，而低质量的二手车占领市场，二手车市场充斥着“柠檬”（劣质）商品。道德风险是指，合同一方在另一方不知情的情况下故意损害另一方的利益，在道德上选择损害另一方以实现自身利益的最大化。在公司治理中，股东与公司高管之间的代理问题往往是由于管理层最大限度地实现个人利益，而非股东利益而导致的。已有文献表明公司可能出于管理层薪酬契约（Healy，1985；Bergstresser & Philippon，2006）、提高股票交易价格（Friedlan，1994；Teoh et al.，1998；Aharony et al.，2000）、现金分红门槛（Bradley & Roberts，2004）等动机损害投资者利益。

2.1.2 信号传递理论

信息不对称可能导致“柠檬市场”，无法实现帕累托最优交易，最终形成劣币驱逐良币的市场。在此背景下，信号传递理论得到了发展，企业信息披露行为即为公司向外部利益相关者传递信号的过程。

2.1.2.1 信号传递理论概述

斯彭斯在其1974年出版的《市场信号传递：雇佣过程中的信息传递及相关筛选过程》一书中，奠定了信号传递理论的基础。迈克尔·斯彭斯开创性地将教育水平视为一种信号，并指出：虽然教育本身并不会提高人的生产率，但它具有传递信号的作用。信号传递实际上是一个动态的不完全信息博弈，这个博弈包括信息发布方与信息接收方这两类相关者，信息发布方拥有一些信息接收方所不了解的信息，这些信息与两者的支付相关。随后，Nelson（1974）研究了广告效应的信息传递作用，并发现消费者会把价格环境和广告解释为商品质量的信号，一支品牌广告投入量的多少，实际上就向消费者传递了多少关于商品质量的信号。在此基础上，Milgrom & Roberts（1986）指出，高质量的生产者要传递其高质量信息在短期和长期都要付出成本，只有真正高质量的生产者才会继续保持高质量，而低质量的生产者只有降低价格。这些研究表明，作为信号而进行传递的信息，一定是有成本的，并且它的成本是低质量商品或公司无法维系的，只有在这样的前提下，所传递出的信号才会被作为一种强信号接收并产生影响。

2.1.2.2　信号传递与积极信息披露

根据信号传递理论，投资者无法直接观察和预测公司的潜力，具有良好未来前景的公司为了防止公司价值被低估，该公司通常会自愿向资本市场传递更多的好消息以区别于其他发展潜力较弱的公司。公司披露的会计文本所呈现的文本特征，如文本语调，能够达到区别于其他公司的目的。积极的文本语调意味着向资本市场传递好的信号，进而使投资者相信公司管理层应对管理风险的能力，更加看好公司的经营前景，愿意投资且减少因信息不对称产生的风险溢价补偿要求，引起股票价格升高、公司价值增加。

当上市公司在股票市场运行时，投资者对公司的预期很重要，如果不能有效解决投资者和公司的信息不对称问题，公司将面临很大的运营风险。在财务信息以外，披露更多具有情感表达的文本信息，有助于减少不具备专业财务分析能力的中小投资者与公司之间的信息不确定性，增强股票市场信息透明度。

2.1.2.3　信号传递与消极信息披露

通常而言，具有信息优势的一方，只会热衷于传递对自身有积极影响的信号，那些负面的、会对自身产生不良影响的信息则不会被作为信号传递给信息劣势方。因此，基于信号传递理论，当管理层对上市公司的运营和发展存在疑虑时，上市公司并不希望将这些消极信息公布于众。然而，这仅仅是在该信息属于上市公司自愿行为时的推论，倘若披露行为由自愿变为强制，信号理论又会对上市公司的信息披露行为产生哪些影响呢?

当所披露信息属于强制性披露内容时，若上市公司未按照要求对该信息予以披露，该公司将面临监管机构的处罚，这一处罚会促使投资者重新评估受处罚公司的价值，给公司带来负面的市场反应。若将监管机构的处罚行为视为代替上市公司向外界传递负面信号，那么这种负面信号传递行为所带来的负面影响，可能远大于上市公司主动传递该信号所产生的影响。因此，为了避免监管机构处罚带来的损失，公司高管更倾向于按照监管政策积极披露相关信息。

2.1.3 框架效应

20 世纪 80 年代以来，一系列有关市场异象的研究发现对 Malkiel & Fama（1970）的有效市场假说（Efficient Markets Hypothesis，EMH）提出了质疑。这些研究认为，投资者并非如 EMH 理论所假设的完全理性，这些投资者在决策过程中会受到认知和情感等因素的限制和影响，最终形成投资者认知偏差，从而导致证券价格偏离正确的价值（Ritter，2003）。著名的框架效应（Framing Effect）正属于该认知偏差中的一种。

Tversky & Kahneman（1981）通过研究“亚洲疾病问题”发现个体的风险偏好依赖于问题的描述方式，并由此提出框架效应理论（Decision Frame Theory）。框架效应是指，当对同一事件使用不同的表述形式进行说明时，阅读者会做出不同的决策。也就是说，框架效应既受到陈述方式的影响，也受到阅读者个人特征的影响，是一种用以组织和简化决策的心理架构（Tversky & Kahneman，1981）。

根据 Levin et al.（1998）的研究，框架效应的经典分类主要有三种：风险选择框架效应（Risky Choice Framing Effect）、特征框架效应（Attribute Framing Effect）和目标框架效应（Goal Framing Effect）。具体而言，风险选择框架效应指的是，以损失还是收益角度描述风险时，信息阅读者承担意愿的差异性。如在疾病治疗中，可分别采用“600 名患者中可能将有 2/3 的人死去”或“600 名患者中可能有 1/3 的人被治愈”来描述治疗风险。特征框架效应指的是，从积极或消极角度描述某件事物的特征时，阅读个体对其偏好的改变。如可以描述牛肉中含有“80% 的瘦肉”或“20% 的肥肉”。目标框架效应指的是描述实施或不实施某一行动对某一事物的影响时，决策个体的行动意愿。如在描述乳腺投影检查必要性时，可以指出“如果进行乳腺投影检查，那么你将在早期获得发现乳腺癌的最佳机会”，或者“如果拒绝乳腺投影检查，那么你将失去尽早发现乳腺癌的最佳机会”。

早期的框架效应文献对事物不同表述的定义关注的是正反两方面，且该描述在逻辑和信息含量上是一致的，如生与死（Tversky & Kahneman，1981）、收益和损失（Kühberger，1998）等。近期的研究则广泛拓展了框架效应的研究话题，并强调同一事物的不同表达并不一定具有相同的信息含量（Diacon & Hasseldine，2007；Glaser et al.，2007）。但无论早期还是近期的研究，框架效应皆可解释为："同一事件、不同披露"是否会带来决策结果的显著差异。

2.1.4　管理层权力理论

薪酬契约是企业内部最重要的契约形式之一。根据最优契约理论，薪酬契约设计的目的为激励经理人最大化股东权益。但现实企业中的薪酬契约具有不完全性，从理论上看，最优薪酬契约存在严格的假设前提，这与现实企业中的薪酬契约存在较大差距。正因为如此，一些学者开始对最优契约理论进行反思，著名法学家 Bebchuk & Fried 是最具代表性的人物，Bebchuk & Fried（2003）对最优契约理论框架下的相关文献进行系统梳理，并对 20 世纪 90 年代后期以来美国公司高管薪酬突飞猛进的社会现象进行深入剖析，最终在最优契约理论基础上提出了管理层权力理论。管理层权力理论认为，股东并不能完全控制管理层薪酬契约的设计，管理层完全可以利用手中的权力去影响自己的薪酬，权力越大的公司，高管操纵自身薪酬的能力越强。

Bebchuk et al.（2002）、Bebchuk & Fried（2003）等研究发现董事会在高管薪酬问题上的谈判并非总是有效的。在最优契约理论中，董事会处于委托人位置，高管是代理人，董事在高管薪酬契约设定过程中必须具有独立性，才能保证董事在与高管进行薪酬谈判时完全站在股东的立场。但现实情况是，尽管《公司法》明文规定董事会由股东选举产生，但股东一般根据高管提交或者同意的董事提名进行投票，难以真正保证董事的独立性（Hermalin & Weisbach，1998）。与此同时，董事还受到社会和心理因素的影响，如"袍泽之谊""团队精神""避免董事会与管理团队发生冲突"等自然愿望，曾经的友谊和忠诚也容易导致董事会难以真正独立。另外，市场约束并非必然有效。从经理市场看，Bebchuk & Fried（2003）认为：高管在经理市场受雇于新公司时，其身价主要取决于其历史表现，即该高管在上家企业的经营业绩，而并非其获取的薪酬。一般而言，股东可以通过三种方式约束高管薪酬安排，即起诉董事会、投票否决股票期权计划和提出股东建设性决议。但管理层权力理论认为这三种约束方式很难有效。具体而言，①由于法院等司法机构缺乏足够的人力和物力去判断薪酬包和薪酬政策是否合理，因此股东起诉董事会这一手段在实践中难以操作。②一方面，股东投票表决期权计划也并不能有效阻止高管薪酬偏离，股东表决的期权计划往往只显示期权的一般性参数，并不显示某个具体高管的薪酬安排；另一方面，虽然股东有权否定整个期权方案，但鉴于高管才能的稀缺性，为了留住高管，股东往往选择妥协。③由于建设性决议对董事会自由裁量权构成的约束十分有限，因此建设性建议同样不能在高管薪酬约束方面发挥有效作用。

2.1.5 议程设置理论

1963年，伯纳德·科恩指出“新闻媒体可能无法决定人们如何想，但是却可以决定人们想什么”，这一论断即为议程设置理论的标志性开端。随后，Maxwell & Donald（1968）以1968年美国大选前持中立立场的选民作为样本进行调查，比较该群体和其接触的新闻媒体对美国大选中不同议题的关注程度，结果发现同一议题在选民心目中的重要性与其在新闻中的关注度具有高度一致性。这一研究是在美国北卡罗来纳大学所在的教堂山镇进行的，因此这一研究被称为“教堂山镇研究”（Chapel Hill Study），并被认为是议程设置理论的起源。1967年，McCombs & Shaw（1972）发表了论文 *The Agenda-Setting Function of Mass Media*，议程设置概念和理论正式形成。

上述研究属于议程设置理论的第一层次，随着研究的不断深入，加上互联网对社会的影响，议程设置理论延伸至第二和第三层次。议程设置理论的第二层次为“属性议程设置理论”（Attribute Agenda Setting，简称AAS理论），该理论认为媒体不仅能够设置议程，还能够为某一议题通过提供语境的方式影响大众对该议题的思考和评价（Shaw & McCombs，1997）。在属性议程设置理论的框架下，媒体从影响大众"想什么"，延伸到了影响大众"怎么想"。议程设置理论的第三层次为"网络议程设置理论"（Networked Agenda Setting，简称 NAS 理论），该理论认为，互联网的出现彻底改写了大众传播的结构，使信息的传播和获取从传统媒体的线性模式转换成了网状模式，在这一改变下，影响公众的不再是独立的媒体属性，而是一系列属性组成的认知网络。在网络议程设置理论框架下，媒体不仅影响我们"想什么"和"怎么想"，同时还决定了大众如何将不同的信息碎片通过网络结构整合起来，通过该结构中不同节点的连接构建对议题的认知图谱（Guo & McCombs，2015）。

2.1.6　管理层坏信息隐藏假说

"管理层坏信息隐藏假说"是 Jin & Myers（2006）在委托代理框架下提炼出的个股股价崩盘风险形成机理，该假说中，公司管理者出于固位、升迁、薪酬合约、帝国构建等自身利益诉求，倾向于隐藏或者延迟披露坏消息；但是当坏消息的累积程度达到极限时，这些被隐藏的坏消息将一次性集中释放到资本市场，对公司股价造成极大的负面冲击，引发股价崩盘。

根据"坏消息隐藏假说"，学者们分别从公司外部宏观环境、公司内部因素、公司外部因素和管理者个人特征四个视角考察了股价崩盘风险的具体成因和潜在的约束机制。

2.1.6.1　公司外部宏观环境

一方面，公司总部位置所属国家的宗教信仰越强，该公司未来股价崩盘的风险越小（Callen & Fang，2015），且公司监管质量越高、法律监管环境越严厉的情况下，宗教效应越强（Li et al.，2017）。另一方面，法律与监管政策也会有效降低公司股价崩盘风险，例如，税收征管（王化成等，

2014)、地区投资者保护水平（王化成等，2014）和政府审计（褚剑和方军雄，2017）等。

2.1.6.2 公司内部因素

首先，管理层为了达到行权条件（Kim et al.，2011a）和享受更多的职务津贴（Xu et al.，2014），往往会选择隐藏坏消息以防止股价下跌，导致未来股价崩盘风险增加。

其次，公司信息披露也是影响股价崩盘风险的核心部分。①公司财务报告不透明度会增加股价崩盘风险（Hutton et al.，2009；Kim & Zhang，2014），财务报表可读性越低，公司未来股价崩盘风险越高（Kimet al.，2015）。由于会计稳健性越高的公司及时披露了坏消息，此类公司发生股价崩盘风险的概率更低（Kim & Zhang，2016）。②慈善捐赠作为公司的一种声誉活动，能够显著降低公司的股价崩盘风险（Zhang et al.，2016）。③内部控制信息披露质量的提高可以有效降低股价崩盘风险（叶康涛等，2015；黄政和吴国萍，2017；Chen et al.，2017），同时这一约束机制在信息透明度低以及业绩差的企业中更加显著（叶康涛等，2015）。④发布盈利预期（Earnings Guidance）频率越高的公司，其未来面临股价崩盘的可能性越低（Hamm et al，2012）。⑤作为另一种信息披露行为，社会责任披露对于股价崩盘风险存在两种效应，一方面，部分学者认为管理层会通过企业社会责任信息披露进一步隐藏坏消息，增加公司未来股价崩盘风险（权小锋等，2015）。另一方面，研究发现企业社会责任信息的披露可以通过信息效应和声誉效应等途径有效降低股价崩盘风险（Kim et al.，2014；权小锋和肖红军，2016；胡珺和李四海，2017）。以上研究表明，信息不对称导致的管理层自利行为是股价崩盘风险的直接动因，因而，信息披露质量越高，信息越透明，越能降低股价崩盘风险（肖土盛等，2017），尤其对于年报中的管理层讨论与分析，其蕴含了大量信息，这类信息披露越真实，越能降低股价崩盘风险。

此外，不同个人特质的管理者，可能会有不一样的管理决策方式和行为（Hambrick & Mason，1984）。过度自信的高管可能会把 NPV 小于 0 的项目错误地认定为增值项目，或低估企业面临的问题与风险，这种管理层无法正确理解企业坏消息的行为也会导致公司未来股价崩盘风险的增加（Kim et al.，2015）。同时，中国共产党身份（Li et al.，2016）或女性管理者（李小荣和刘行，2012）具有更强的责任感和道德观、很少产生机会主义，且倾向于信任和互帮互助，抑制信息不对称，降低公司股价崩盘风险。

2.1.6.3 公司外部因素

（1）证券分析师作为上市公司与投资者之间的信息中介，具有挖掘信息和解读信息的专业能力，为客户提供相应的盈利预测、目标价格以及买入卖出建议，向市场传递公司特质信息，有助于降低投资者和公司之间的信息不对称程度（刘笑霞和李明辉，2018）。但是，大量学者认为，受制于各种利益冲突，证券分析师并未发挥其外部治理作用，反而增加了公司股票价格崩盘的可能性。受制于各种利益冲突，证券分析师向市场传递的信息存在严重的选择性偏差，分析师更倾向于发布乐观的股票评级和盈余预测，使外部投资者无法及时了解公司的负面信息（Francis & Philbrick，1993；Easterwood & Nutt，1999；O'Brien et al.，2005；Mola & Guidolin，2009；曹胜和朱红军，2011），这些累积的负面信息达到阈值，最终导致股价崩盘（Xu et al.，2014）。这种情况下，分析师关于某公司的预期越乐观，该公司股价崩盘风险可能越大，且这一正相关关系在"牛市"更加明显（许年行等，2012）。

（2）会计师事务所也会对股价崩盘风险产生显著影响。Hackenbrack et al.（2014）利用不同审计费用作为审计师与高管合谋的替代变量，发现二者合谋会增加股价崩盘风险。万东灿（2015）则认为，审计费用越高，代表会计师事务所投入越多，审计质量越高，公司财务报告信息披露的可靠性与公正性增强，"坏消息隐瞒"情况减少，股价崩盘风险降低。此外，审计师的任期也与股价崩盘风险之间存在显著的相关关系，审计师的任期长短与公司未来股价崩盘风险显著正相关，但与上年的股价崩盘风险显著负相关（Callen & Fang，2017）。

（3）投资者情绪与股价崩盘风险之间也存在显著正相关关系，且财务报告质量越差、出现卖空约束时，投资者情绪与股价崩盘风险间的正相关关系越强（Yin et al.，2017）。

2.2 管理层讨论与分析信息披露制度的变迁

“管理层讨论与分析”即MD&A概念最早起源于美国，于1968年被SEC引入上市公司强制披露规定中。MD&A是上市公司定期报告中管理层对于公司过去经营状况的评价分析以及对未来发展趋势的前瞻性判断。MD&A作为上市公司财务数据披露的重要补充，已成为财务报告的核心内容之一。

安然事件之后，《塞班斯法案》的颁布进一步加强了对公司披露的审查，2003年之后针对财报中MD&A内容的审查愈加重视和严苛。同时，由于MD&A这种相对主观的文本性披露更易被管理者操纵，MD&A信息披露被美国财务经理协会列为2005年十大财务报告挑战之一。

美国是第一个提出MD&A披露制度的国家，MD&A在美国经历了三个阶段：① 1968~1979年的萌芽期；② 1979~2002年的发展期；③ 2002年至现在的成熟期。美国MD&A披露制度经历多年的变迁，涵盖的内容愈加广泛，但总体而言，其基本框架和原则贯彻了SEC坚持的观点：提供更为完整的指导体系的同时，要求MD&A必须具有一定的灵活性，防止千篇一律的披露模式。在预测性信息披露方面，SEC从最初的禁止到后来的鼓励再到现在的保障，1995年美国通过了关于预测性信息披露的免责制度的法案，减少了无理由的诉讼，减轻了预测性信息披露者的潜在诉讼风险。总体而言，目前美国MD&A披露制度在50多年的发展中趋于成熟，SEC一方面对MD&A作出了详尽的规范和强制披露要求，另一方面又出台了“避风港”条约去激励管理层披露更多的非强制披露内容。双管齐下的管理手段使得公司高管在披露MD&A时向市场传递了更多、更准确、更有价值的信息，便于利益相关者作出更适合的决策。

目前，我国证监会对于招股说明书、季报、半年报和年报以及可转债等会计文本披露准则中都有对于 MD&A 披露的规定与要求。由于本书的研究样本为年报中的管理层讨论与分析，因此我们将在如下部分讨论中国年报中 MD&A 披露制度的演进。

2002 年，中国证监会颁布《公开发行证券的公司信息披露内容与格式准则第 2 号——年度报告的内容与格式》（以下简称“准则 2 号”），“准则 2 号”为我国上市公司年报披露的规范性文件，大约每隔 2 年修订一次，年报中关于 MD&A 的披露要求也是通过该准则进行规范的。2002 年的“准则 2 号”首次提出了 MD&A 概念，“准则 2 号”规定：年报中的第八节应为“董事会报告”，上市公司管理层应在该部分对公司的“财务报告和其他必要的统计数据、报告期内发生或将要发生的重大事项进行讨论与分析”，以帮助利益相关者更好地理解公司的经营成果以及未来可能获得的机会和面临的风险。“准则 2 号”强调：“董事会报告”是传统财务报表的重要补充，上市公司管理层需要披露传统财报难以体现，但是对公司未来发展起到重大影响的事项和因素，不能简单重复财务报告的内容。“准则 2 号”2002 年并未对 MD&A 披露的具体内容及结果提出详细的要求。

2005 年，中国证监会对 2002 年版“准则 2 号”进行修订，为 MD&A 部分的披露内容提出了更为详细的规定。2005 年版“准则 2 号”第三十三条指出：“董事会报告”包含两个内容：（一）“报告期内公司经营情况的回顾”；（二）“对公司未来发展的展望”。该准则在这两条披露主线的基础上，分别对其披露内容和角度作出了具体的规定，较 2002 年的规定具有更强的可操纵性。

2006 年，上海证券交易所发布《2005 年年度报告工作备忘录第三号——管理层讨论与分析的编制要求》（以下简称“备忘录第三号”），该备忘录在证监会 2005 年修订版“准则 2 号”的基础上，对上交所上市公司 MD&A 披露作出进一步的解释和说明。“备忘录第三号”指出，MD&A 是财务报告的有益补充，能够增强信息披露的有效性。MD&A 披露主要有五个目标和作用：①相比财务报表体现历史数据，MD&A 更强调对前瞻性信息的披露。MD&A 向阅读者展示公司管理层对于公司本报告期经营状况的判断和理解以及对公司未来发展可能面对风险和机遇的把握，需在公司历史与未来之间架起一道桥梁。②财务报告反映的是定量数据，MD&A 是对财务数据的定性补充。③ MD&A 强调披露风险信息，负责对公司经营的不确定事项和风险进行如实反映。④公司在披露 MD&A 时，需将减少投资者由于资源不同所导致的信息不对称作为目标之一。⑤ MD&A 为上市公司提供了主动披露信息的官方平台，有助于提高信息披露的针对性，使市场充分反映公司价值。除强调以上五个目标之外，上交所还指出 MD&A 编制的六个总体要求，包括“提供动态信息”“提出重要信息”“重在分析”“突出公司个性”“清晰易懂”和“管理层参与”。

2012 年，“准则 2 号”将原本在第八节的“董事会报告”调整提前至第四节，这一位置的变化体现了 MD&A 在年度报告中重要性的提升。相较于之前的准则要求，2012 年版的“准则 2 号”使用第二十一条和第二十二条阐述了对 MD&A 的披露要求，该准则的修改目的包含四个方面：“适应新的经济环境”“提升准则可操作性”“鼓励企业更多地自愿披露信息”和“提升披露内容的准确性”。“适应新的经济环境”方面，为适应中国金融市场愈加丰富的融资手段与种类，该准则增加了 MD&A 中对公司衍生品融资信息的披露要求。“提升准则可操作性”方面，使用两条规定对“报告期内的回顾”和“未来发展期望”的披露内容作出了更加全面、详细的规定。“鼓励企业更多地自愿披露信息”方面，为了鼓励上市公司自主披露更多关于公司风险的预判信息，该准则降低了对风险应对措施的披露要求，防止上市公司因过于详细的应对措施披露要求而对风险披露望而却步。“提升披露内容的准确性”方面，要求上市公司对更换会计师事务所、调整会计政策和会计估计以及差错更正等事项及时披露。

2016 年，“准则 2 号”将“董事会报告”改名为“经营情况讨论与分析”，并对扩大重大事项披露覆盖面、增加重大非股权投资披露要求、提高盈利预测准确性、尽可能定量分析风险对公司的影响程度这几点作出了要求。总体而言，2016 年“准则 2 号”依旧围绕着 2012 年“准则 2 号”的思路，即“顺应我国经济社会的发展变化”“提升准则的可操作性”“鼓励管理层自愿披露更多内容”以及“提升准则对于披露内容的监管要求”。

通过梳理我国 MD&A 信息披露制度演进可以看出，MD&A 已被监管机构明确定义为财务报表的重要补充，承担了上市公司向外部信息使用者提供公司内部管理者对企业经营状况的分析、评价和总结，以及对公司未来发展的相关机遇与风险趋势的判断信息的重要责任。且随着我国经济社会的发展和利益相关者的需求不断变化，监管机构作出了相应的修正、规范、明确和增减。由于近年来市场利益相关者对于会计文本信心的重视程度逐渐提升，因此 MD&A 部分的披露准则也向着为市场提供更多有价值信息、增强市场信息透明度等方向不断完善。

2.3　公司金融领域的文本情感分析研究综述

2.3.1　文本情感分析概念

《辞海》对“情感”的定义：内心有所触发，而产生喜、怒、哀、乐等的心理反应。在金融和会计文本分析领域，对于文本情感的研究主要集中在二分类情感分析。情感分类又称为情感倾向性分析，其任务是识别指定文本的主观性观点，并判断文本情感的正负倾向性[①]。情感分类的研究方法主要有两种，一种是基于词典的分析方法，另一种是基于机器学习的分析方法。

2.3.2　文本信息来源

金融领域的文本情感研究者分析的定性信息主要有三个来源：①公司公开披露的信息，也称为会计文本信息。②媒体、评级机构和分析师等第三方披露的信息。③互联网信息。详情见表 2-1。

---

① 李然，林政，林海伦，王伟平，孟丹．文本情绪分析综述 [J]. 计算机研究与发展，2018，55（1）：30-52.

表 2-1 文本信息来源

公司				第三方		网络社交
年报 / 季报 /MD&A	盈余报告	电话会议	其他	媒体	分析师和评级机构	
Li（2008）；Feldman et al.（2008）；Kothari et al.（2009）；Li（2010b）；Davis & Tama-Sweet（2011）；Loughran & McDonald（2011a，2011b）；Jegadeesh & Wu（2013）；Huang et al.（2014b）；Loughran & McDonald（2015）；Campbell et al.（2017）；D' Augusta & DeAngelis（2017）；Ertugrul et al.（2017）；Bakarich et al.（2019）；Jiang et al.（2019）；曾庆生等（2018）	Henry（2006，2008）；Henry & Leone（2009）；Davis et al.（2011）；Davis & Tama-Sweet（2011）；Demers & Vega（2011）；Rogers et al.（2011）；Huang et al.（2014b）；Arslan-Ayaydin et al.（2016）；DeBoskey et al.（2019）	Doran et al.（2010）；Larker & Zakolyukina（2012）；Price et al.（2012）；Blau et al.（2015）；Brockman et al.（2015）；Davis et al.（2015）；Brockman et al.（2017a，2017b）；Brochet et al.（2019）；Chen et al.（2018）；Jiang et al.（2019）	业绩说明会：谢德仁和林乐（2015，2017）；甘丽凝等（2019） 招股说明书：Ferris et al.（2013）；Loughran & McDonald（2013b）；Yan et al.（2019） 财务报告重述：Durnev & Mangen（2011） 管理层与信用评级机构的私人沟通：Ahn et al.（2019）	Tetlock（2007）；Engelberg（2008）；Tetlock et al.（2008）；Kothari et al.（2009）；Sinha（2010）；Engelberg et al.（2012）；Ferguson et al.（2012）；Garcia（2013）；Ozik & Sadka（2012）；Liu & McConnell（2013）；You et al.（2017）；Shan（2019）	分析师报告：Kothari et al.（2009）；Rees & Twedt（2012）；Buehlmaier（2013）；De Franco et al.（2014）；Huang et al.（2014a） 信用评级报告：Agarwal et al.（2016）；Kiesel（2016）	Antweiler & Frank（2004）；Das & Chen（2007）；Chen et al.（2014）；Leung & Ton（2015）；Campbell et al.（2019）

2.3.2.1　公司披露的信息

本书所指的会计文本信息指上市公司公开披露的文本信息，如公司年报、盈余报告等。这些信息呈现的文本情感特征，可以用来检验公司定性信息披露与上市公司经济后果之间的相关性。

分析公司公开披露信息的文本情感特征的文章主要集中于公司年度报告和中期报告，或盈余报告和电话会议。前者包括 Li（2008，2010b）、Feldman et al.（2010）、Loughran & McDonald（2011a，2011b，2015）、Jegadeesh & Wu（2012）、Huang et al.（2014b）、Campbell et al.（2017）、D'Augusta & DeAngelis（2017）、Ertugrul et al.（2017）、Bakarich et al.（2019）、Jiang et al.（2019）、曾庆生等（2018）。值得注意的是，由于年报和季报等报告中包含了大量的非文本信息（财务数字信息），Feldman et al.（2010）、Li（2010b）Davis & Tama-Sweet（2011）、Huang et al.（2014b）、D'Augusta & DeAngelis（2017）选择抓取年报和季报中最具有情感色彩的MD&A 部分，作为量化文本语调的数据源。相类似地，Loughran & McDonald（2011a）也选择了 MD&A 文本作为会计文本语调衡量的一个子样本。盈余报告的文本语调研究则主要包括 Henry（2006，2008）、Henry & Leone（2009）、Davis et al.（2011）、Davis & Tama-Sweet（2011）、Demers & Vega（2011）、Rogers et al.（2011）、Huang et al.（2014b）、Arslan-Ayaydin et al.（2016）、DeBoskey et al.（2019）。电话会议披露信息文本语调包括 Doran et al.（2010）、Larker & Zakolyukina（2012）、Price et al.（2012）、Blau et al.（2015）、Brockman et al.（2015）、Davis et al.（2015）、Brockman et al.（2017a，2017b）、Brochet et al.（2019）、Chen et al.（2018）和 Jiang et al.（2019）。上述研究都证实了，除了常规的公司层面的财务信息，会计文本情感特征已经成为公司事件分析的重要特征变量。特别值得注意的是，凭借其包含的公司管理层关于公司过去财务状况的看法和未来前景的观点，MD&A 已成为比盈余公告更加重要的获取公司增量信息的渠道（Feldman et al.，2010）。

2.3.2.2 第三方披露的信息

第三方披露信息的情感指的是新闻报道（Media News）、分析师报告（Analyst Report）和评级报告（Credit Report）所呈现的积极或消极的情感特征。与宏观经济或金融市场运行相关的媒体文章一般用于研究整个市场的价格动态，与行业或公司相关的新闻报道和分析师报告则更适合分析公司层面的股票价格、收益率、交易量以及其他业绩指标。

在媒体文本情感分析中，Tetlock（2007）和 Garcia（2013）研究了美国两大报纸《华尔街日报》和《纽约时报》上的经济和金融新闻。Engelberg（2008）、Tetlock et al.（2008）、Sinha（2010）和 Engelberg et al.（2012）则使用更广泛的新闻来源，分析公司层面新闻的情感特征。具体而言，Engelberg（2008）收集了分析 4700 家企业盈利公告的新闻报道；Tetlock et al.（2008）和 Engelberg et al.（2012）使用《华尔街日报》作为文本分析样本的同时，还加入了道琼斯新闻（Dow Jones NewsService）；Sinha（2010）分析了汤姆路透社（Thomson Reuters News Scope Service）提供的 587719 篇企业层面新闻报道情感属性。上述研究选取的新闻来源比较单一，但事实上，新闻来源越广泛，越能代表整个媒体行业对某一家公司的态度和看法，以消除认知偏见的可能性。因此，Ferguson et al.（2012）将新闻样本扩大至英国《金融时报》《泰晤士报》《卫报》和《镜报》的 264647 篇针对公司层面的新闻媒体文章，分析了上述媒体对 100 家媒体的情感属性。

分析师和评级机构是资本市场重要的信息中介，其发布的报告可以有效缓解公司信息不对称问题，并改善公司治理水平。但是，现有的关于分析师报告情感表达对市场的影响研究主要包括 Kothari et al.（2009），Rees & Twedt（2012），Buehlmaier（2013），De Franco et al.（2014）和 Huang et al.（2014a）。关于信用评级报告语调的研究则仅有 Agarwal et al.（2016）和 Kiesel（2016）。

2.3.2.3 网络发帖

网络发帖也是一个重要的文本情感来源，因为许多人每天花费大量时间在网络上阅读和撰写关于股票的评论。网络发帖蕴含了大量关于潜在投资倾向、市场情绪、操纵行为和对其他消息的反应等对金融市场有重大影响的信息（Das & Chen，2007）。由于网络发帖包含了大量的个人投资者的观点，网络发帖中的情感表达要比企业或媒体的情感表达更加的“吵闹”，这一特征也为更加准确获取中小投资者情绪提供了保障。

Antweiler & Frank（2004）、Das & Chen（2007） 和 Chen et al.（2013）对互联网信息进行了文本情感分析。Antweiler & Frank（2004）对 Yahoo！中针对 45 家公司财务状况的上百万条股民的留言进行了文本分析。Das & Chen（2007）的示例则包含 Yahoo！上所有关于摩根士丹利高科技指数（MSH）所列 24 只科技股留言板发出的 145110 条留言。Chen et al.（2014）则进一步对投资者在社交媒体上发布的文章以及评论进行情感分析。Leung & Ton(2015）选择分别验证网络讨论数量与情绪对大盘股和小盘股的影响。Campbell et al.（2019）则对互联网络信贷中借款人信息的积极或消极暗示与贷款效率之间相关性进行分析。

2.3.3　文本分析的相关技术

2.3.3.1　情感信息抽取

情感信息抽取属于一种关于细颗粒度文本情感分析技术，指抽取情感文本中具有价值的情感信息。情感信息包含五个元组，分别为评论实体、评价对象、评价词语、观点持有方和评价时间，情感信息抽取的重点在于抽取观点持有者（Opinion Holer）和抽取评价对象（Opinion Target）。抽取观点持有者指的是识别评论的隶属者，主要通过基于费尖端启发规则进行抽取。抽取评价对象面向的是评论的主题，一般基于相应的规则进行抽取，该规则通常包括一系列语言分析和预处理过程，包括命名实体识别、词性标注和句法分析等（Bao et al.，2010；Chen et al.，2011；O’Neil，2012；Yi et al.，2013）。

2.3.3.2 情感分类

情感分类又称情感倾向性分析，用于识别和判断文本呈现的主观性观点和情感正负倾向性，主要使用词典规则和机器学习这两种方法。具体方法、优缺点和代表文献如表 2–2 所示。

表 2–2 文本情感分类方法的描述

类型	具体方法	优点	缺点	代表文献
词典法	基于词汇分类表的词频统计方法	1. 方法简单，应用极为广泛； 2. 度量大多数的文本特征； 3. 可研究的主题和范围很大	1. 受到语言种类和专业领域的限制； 2. 词语存在一词多义、语义模糊和上下文语境问题，导致度量偏差； 3. 不具有自适应的学习能力	Henry（2008）；Li（2008）； Kothari et al.（2009）； Feldman et al.（2010）； Loughran & McDonald（2011）； Huang et al.（2014b）； Davis et al.（2015）； Agarwal et al.（2016）； Jiang et al.（2019）
无监督机器学习	朴素贝叶斯	能够通过训练集训练相应的模型，更高效、更准确地识别不同情感类别文本的特征向量	1. 方法复杂； 2. 需要人工标注训练集，产生偏误； 3. 文本所属专业领域差异较大时，需单独收集训练集	Antweiler & Frank（2004）； Li（2010b）； Cecchini et al.（2010）； Huang et al.（2014a）； Purda & Skillicorn（2015）
半监督机器学习	LDA 文档主题生成模型	无需训练集，可以自我学习，能够减少人工识别成本	1. 方法复杂； 2. 准确度不高； 3. 目前只限于度量“风险”特征	Bao & Datta（2014）； Campbell et al.（2017）

（1）基于词典和规则的情感分类方法。目前，国外广泛使用的词汇分类字典包括：哈佛大学通用调查字典（Harvard General Inquirer Word Lists，GI）、亨利词典（The Henry Word Lists）、文辞乐观与悲观词汇字典（Diction Optimism and Pessimism Word Lists）以及洛克伦与麦克唐纳词典（Loughran and McDonald Word Lists，2011）。现有中文情感词典主要包括台湾大学情感词典和 HowNet 情感词典，但这两种情感词典的涵盖范围主要为日常用语，并不适合应用到财经领域的文本情感分析。

哈佛大学通用调查字典和亨利词典是最早被用于情感分析的语言词典。GI 词典由心理学专家 PhilipStone 于 1966 年开发，共收录了 2293 个悲观词和 1914 个乐观词，且每一个词语用于不同的词性、强度、极性等标签。已有的研究多使用 GI 词典量化媒体情绪指标（Tetlock et al，2007，2008；Kothari et al.，2009；Hanley & Hoberg，2010；Heston & Sinha，2015）。但由于 GI 词典并非专门针对金融文本分析，该字典将许多不具有情感色彩的金融词汇归纳为情感词汇，因此使用 GI 词典量化会计金融文本的准确性经常受到质疑（Loughran & McDonald，2011）。Diction 词典由政治学和大众传播专家 Roderick Hart（2000）于 2000 年基于 50000 份经过分析的文档开发形成，被应用于名为文辞（Diction）的计算机辅助文本分析软件，包含了 686 个乐观词和 920 个悲观词，并可以划分为演讲、诗歌、商业报告等 36 个子集。许多会计领域的研究者用文辞软件和其中的乐观和悲观词汇分类字典衡量文本的语调或情绪（Davis et al.，2012）。但与 GI 词典存在的问题相类似，Diction 字典包含了许多金融会计领域不具有情感色彩的词汇，如权利、必须等，降低了金融会计文本情感分类的准确性。

亨利词典（The Henry Word Lists）是首个专门适用于金融会计文本分析的情感词典，Henry（2008）和 Price et al.（2012）使用 Henry 词典分别量化了美国上市公司的盈余报告和电话会议中呈现的文本情感倾向，并证实了上述会计文本情感特征的显著市场反应。但由于 Henry 词典包含情感词汇的总个数并不丰富，尤其是消极词汇方面，仅涵盖了 85 个消极词语，因此使用 Henry 词典量化会计文本语调时可能遗漏信息。

Loughran & McDonald 词典（以下简称 L&M 词典）是目前金融会计领域研究中应用最广泛的情感词典。L&M 词典由 Loughran 和 McDonald 于 2011 年开发，他们将美国 1994~2007 年全部上市公司年报的词汇划分为六类，包括不确定性词、消极性词、积极性词、合规性词、强态词和弱态词，其中消极词汇共计 2329 个、积极词汇共计 354 个。相较于 Henry 词典，L&M 词典的词汇量更加全面；相较于 GI 字典和 Diction 字典，L&M 词典的分类方式更加严谨。因此 L&M 词典近年来被广泛应用于金融会计领域文本情感分析

（Feldman et al.，2010；Dougal et al.，2012；Garcia，2013；Huang et al.，2014b）。

（2）基于机器学习的情感分类方法。基于机器学习的文本情感分析方法是使用机器学习算法和训练集对分类器进行训练，最后使用训练好的分类器对目标文本进行倾向性分类（李方涛，2011）。基于机器学习算法的情感分类主要有两类：有监督学习和半监督学习。

有监督学习的情感分类方法——朴素贝叶斯。有监督学习的情感分类属于针对标记训练集文档的分类问题，朴素贝叶斯（Naïve Bayes）是会计金融文本分析中最常用的算法。Antweiler & Frank（2004）率先使用朴素贝叶斯算法对 150 万份网络社交媒体评论进行了情感分类分析。随后大量研究使用该方法对 MD&A（Li，2010b）、社交网络媒体（Buehlmaier，2013；Leung & Ton，2015）、分析师报告（Huang et al.，2014a；Franco et al.，2014）和独立董事报告（Ji et al.，2018）等文本进行情感分类，研究文本情感信息对资本市场的影响。其中最经典的文章为 Li（2010b）对 MD&A 中前瞻性声明（Forward-looking Statement，FLS）的研究，Li（2010b）从 FLS 文档中随机提取 3 万个句子进行人工标注（标注为积极、中性、消极和不确定四类），随后使用人工标注文档对朴素贝叶斯分类器进行训练，最后对新的 130 万个句子进行分类，并发现 FLS 语调与公司未来盈利水平之间的显著正相关关系。

半监督学习的情感分类方法。半监督机器学习利用小规模已标注样本和大规模无标注样本进行训练和分类。目前无监督的学习算法在会计金融领域的少量研究均基于 LDA 文档主题生成模型（Bao & Datta，2014；Campbell et al.，2019），风险则是这些研究的唯一主题。

（3）词典法与机器学习方法的比较。我们在代表性经典文献 Li（2010b）、Loughran & McDonald（2011）的基础上，对词典法和机器学习算法作进一步的比较，如表 2–2 所示。词典法的缺点如下：①不考虑否定词和程度词的词典法容易忽略单词或句子所处的语境。同一单词在不同的上下文中可能表达不同甚至相反的含义。例如，“增加”若与成本相关，为负面含义；若与销售相关，则应是正面含义。②词典法对词库和属性有极强的依赖性，不同领域的文本分析必须使用不同属性的词典。③词典法只是对局部的特征进行累加，当词典设定后便不能自动进化；而机器学习方法具有自我学习和演化能力，可以提取文档全局性、非线性的结构特征。关于机器学习的缺点：在运行分类器算法对文本进行情感分类前，需要人工标注大量的目标领域的训练集。现在尚无关于会计金融文本情感标注的开源训练集，且在人工标注过程中容易出现分类偏误。

总体而言，基于词典的情感倾向分析虽然属于粗颗粒度分类，但由于无须依赖标注大样本的训练集，可以快速、低成本地对目标文本进行情感分类；基于机器学习的情感分析虽然依赖于人工标注训练集，但由于机器学习算法具有自我学习和演化能力，使用机器学习算法获取的文本情感信息更加科学和准确。如上所述，不同的文本特征应选择与之相匹配的文本分析方法。对未来的研究者而言，定制词典或是机器学习方法将更具有吸引力。

2.3.4　会计文本语调的影响效应

最初的观点认为，会计文本只是基于通用模板所做的信息披露，仅包含样板式的文字、免责的声明、标准化的语句以及其他无关紧要的细节，并不具有信息价值（Li，2010a）。因此，研究者所面临的首要挑战就是证明会计文本具有信息含量而非只是充当摆设的“稻草人”。

现有的大量研究已经证明，会计文本语调具有信息价值，会引起显著的市场反应。Engelberg（2008），Feldman et al.（2010），Henry（2008），Henry & Leone（2009），Doran et al.（2010），Davis et al.（2011，2012），Davis & Tama-Sweet（2011），Demers & Vega（2011），Huang et al.（2011），Loughran & McDonald（2011a，2011b），Jegadeesh & Wu（2012），Price et al.（2012），Rees & Twedt（2012）使用事件研究法证实了盈余公告中文本语调对股票价格的短期影响。Li（2006，2010），Tetlock（2007），Tetlock et al.（2008），Sinha（2010），Davis et al.（2011），Demers & Vega（2011），Huang et al.（2011）和 Ferris et al.（2013）则验证了文本语调与未来公司基本特征及股价表现的联系。Ferris et al.（2013），Loughran & McDonald（2013），Hanley & Hoberg（2010），Jegadeesh & Wu（2013）发现招股说明书的文本语调也具有信息含量。

此外，部分学者发现，管理层会出于利己动机策略性地披露会计文本语调，误导投资者对公司基本面的认知（Larker & Zakolyukina，2012；Huang et al.，2014；Brockman et al.，2017a；Ahn et al.，2019）。因此，公司会计文本信息披露可以分为如实性披露和操纵性披露两类。前者指管理层在会计文本信息中如实披露相关信息。相反，后者是指管理者有意操控文本信息的内容与特征，包括语调、可读性以及真实性等特征。由于两者披露的原因或动机不同，文本信息的影响结果也存在明显差异。相关参考文献如表 2–3 所示。

2.3.4.1　会计文本语调如实披露的影响

会计文本对资本市场的影响主要表现在公司未来盈余、股票的异常收益、交易量、股价波动性、IPO 抑价等方面。具体来说，经理人会通过乐观或悲观的语言向投资者暗示公司未来的业绩，年度报告（Loughran & Mcdonald，2011）、季度盈余公告（Demers & Vega，2011）、MD&A（Bochkay & Levine，2019）尤其是其中的前景展望部分（Li，2010）以及业绩说明会（谢德仁和林乐，2015）等不同信息披露形式中的文本语调，均与公司的未来盈余显著正相关。并且，市场能够正确解读隐含在文本语调中难以量化的基本面信息，从而对文本信息做出与其情感方向一致的反应——会计文本语调与公司未来的股票短期超额回报率（Tetlock et al.，2008；Feldman et al.，2010；Demers & Vega，2011；Davis et al.，2015；林乐和谢德仁，2016）以及交易量显著正相关（Loughran & Mcdonald，2011；Price et al.，2012）。年报中含有的积极信息越多，公司股价波动性越低（Kothari et al.，2009）。此外，会计文本语调也可以帮助提高 IPO 定价的准确率，降低 IPO 抑价。招股说明书中针对风险信息的文本语调越积极，IPO 抑价越弱（Jegadeesh & Wu，2013）。除了验证会计文本语调是否含有信息价值，会计文本语调还可

表 2–3 文献总结

文献	文本信息来源	样本时间	文本分析技术	主要结论
Panel A：使用英文书写的会计文本				
Henry（2006）	盈余公告	2002 年	词典法	相较于财务信息，文本语调预测公司未来基本面的准确率更高
Li（2006）	年报	1994~2005 年	词典法	年报中风险情感表达数量（Risk Sentiment）与公司未来收益显著负相关； 风险情感表达数量变化与公司未来横截面收益正相关； 股票市场对年报中关于未来盈利信息反映不足
Feldman et al.（2010）	年报和季报	1995~2006 年	词典法（GI/Harvard）	年报和季报公布后的短期内，MD&A 语调的变化与公司回报率显著相关； MD&A 语调具有信息含量
Henry（2008）	盈余公告	1998~2002 年	词典法（Henry）	对电信以及计算机行业内公司的 1366 份盈利新闻稿文本词汇进行统计和分类，构建相应的情感词典； 当盈余报告的文本语调变得更加积极时，公司股票累积超额收益率增高
Henry & Leone（2009）	盈余公告	2004~2006 年	词典法（Henry/GI/Harvard）	使用针对某一领域的情感词典（Henry）测量该领域文本信息的准确度要远高于使用大众词典（GI/Harvard）； 消极文本语调对经济的影响要大于积极文本语调
Kothari et al.（2009）	年报和季报 媒体报道 分析师报告	1996~2001 年	词典法（GI/Harvard）	公司年报中发布的好消息能够降低公司风险、削弱股价的波动性； 积极的文本语调和确定性语言使用频率与分析师预测变更显著正相关； 媒体发布积极报道能够减少公司的风险
Doran et al.（2010）	盈余电话会议	2004~2007 年	词典法（Henry/L&M/GI/Harvard）	盈余电话会议（REIT Earnings Conference Calls）可以引起显著的异常收益率变动； 积极的电话会议语调几乎可以抵消负面收益（Negative Earnings Surprise）的破坏性影响； 上述结果在使用 Henry 词典和 L&M 词典后，更加显著
Li（2010）	MD&A	1994~2007 年	机器学习（朴素贝叶斯） 词典法	MD&A 中的未来发展与展望的文本语调与公司未来盈余和流动性显著正相关； 未来发展与展望的语调包含关于公司未来业绩的增量信息； 无法证明基于词典法获取的 MD&A 语调包含关于公司未来业绩的信息

续表

文献	文本信息来源	样本时间	文本分析技术	主要结论
Davis et al.（2011）	盈余公告	1998~2003 年	词典法	经理人在盈余报告中呈现的语调向市场传达了关于公司未来预期业绩的可靠信息； 市场会对这些文本信息做出反应
Davis & Tama-Sweet（2011）	盈余公告 MD&A	1998~2003 年	词典法（DICTION）	当经理们有强烈的策略性披露动机时，他们会在盈余报告中省略消极语言； 文本语调的披露为管理层提供了策略性披露信息的渠道； MD&A 语调与公司未来资产回报率（ROA）显著正相关
Demers & Vega（2011）	盈余公告	1998~2006 年	词典法（GI/Harvard DICTION/L&M）	盈余公告中的乐观和确定性情感表达与公司未来收益和预期收益不确定性显著相关； 在公告窗口中，管理层确定性词语的使用频率与公司股价的异质性波动之间存在反向关联； 管理语言的语调传达了有关公司估值基础的信息
Durnev & Mangen（2011）	财务报告重述	1997~2005 年	词典法（DICTION）	当重述语调变得更加悲观时，重述公司及其竞争对手的异常收益率都较低； 重述文本的语气减少了重述公司及其竞争对手的信息不对称； 重述报告的文本语调提供了重述公司关于未知投资回报的信息； 公司披露的文本语调包含了与公司投资决策相关的新信息
Loughran & McDonald（2011a）	年报	1994~2008 年	词典法（L&M/GI/Harvard）	使用《哈佛字典》识别年报中的消极词，发现其中几乎 3/4 的词语在金融市场中是非消极的； 作者创建了一个适用于金融报告消极情感词列表，并创建了一个术语权重方案，以降低单词错误分类带来的噪声
Loughran & Mcdonald（2011b）	年报	1994~2008 年	词典法（巴伦消极词汇列表）	在巴伦消极词汇列表（Barron's List of Worrisome Words）中出现的 13 个短语的使用与超额申报期回报、分析师盈利预测分散性、收益波动率和欺诈指控显著相关
Rogers et al.（2011）	盈余公告	未披露	词典法（DICTION/Henry/L&M）	被起诉的公司在其盈余公告中使用比未被起诉的同类公司使用了更加乐观的语言； 管理者可以通过抑制披露的乐观语调来降低诉讼风险

续表

文献	文本信息来源	样本时间	文本分析技术	主要结论
Larker & Zakolyukina（2012）	盈余电话会议	2003~2007 年	词典法（LIWC）	电话会议中的首席执行官和首席财务官的语言特征可以用来识别财务错误报告； 欺骗性 CEO 使用明显更极端的情感词和较少的焦虑词； 欺骗性 CFO 使用更多的否定词和极负面的情感词
Ferris et al.（2013）	招股说明书	1999~2005 年	词典法（Dictuon/GI/Harvard/L&M）	招股说明书中谨慎的语言使用与 IPO 抑价率的正相关； 非技术类 IPO 公司招股说明书中的谨慎性语言表达包含了关于公司未来经营业绩的有用信息
Jegadeesh & Wu（2013）	年报 招股说明书	1995~2010 年	词典法（包含新的术语权重方案 L&M）	年报中语调的量化与市场对积极和消极词汇的反应有显著的关联； 文本分析中，为单词选取合适的权重与构建完整准确的情感词列表同等，甚至更为重要； 招股说明书的文本语调与 IPO 抑价显著负相关
Ozik & Sadka（2012）	媒体报道 公司披露信息	1999~2008 年	词典法（GI/Harvard/L&M）	平均而言，当一只基金同时被多个来源（即综合报纸、专业杂志和公司通讯）或仅被三个来源中的一个所覆盖时，关于公司的媒体报道是最积极的，而一般新闻是最不积极的，反映了报道风格的偏差和编辑选择的偏差
Price et al.（2012）	盈余电话会议	2004~2007 年	词典法（GI/Harvard/Henry）	盈余专用词典对相关电话会议语调的检测能力更强； 电话会议讨论语调与初始反应窗口期内的异常收益以及盈余公告后的漂移显著相关； 当公司不分红时，电话会议中的“问答”语调更加重要
Rees & Twedt（2012）	分析师报告	2006 年	词典法（GI/Harvard）	分析师报告的复杂性和语调为市场提供了数字信息无法提供的增量信息
Loughran & McDonald（2013）	注册上市说明（S–1filing）	1997~2010 年	词典法（L&M）	注册上市说明文件中大量不确定的文本通常会导致更大的估值不确定性，进而导致更高的 IPO 首日回报率、绝对发行价修正和 IPO 后 60 天的回报波动
Chen et al.（2014）	网络留言	2005~2011 年	词典法（L&M）	在 Seeking Alpha（SA）网站上发表的文章和评论中，消极词汇的数量对未来股票收益率的预测是负面的； 文章和评论作为一个整体，对未来股票收益率的预测能力比单独发表的文章强

续表

文献	文本信息来源	样本时间	文本分析技术	主要结论
De Franco et al.（2014）	分析师报告	2002~2009 年	机器学习（朴素贝叶斯）	债务分析师对于债权—股权冲突事件所采用的语调具有信息含量； 负面的语调与债券交易量正相关； 积极的债务分析师语调能够预示更高的债券发行收益
Huang et al.（2014a）	分析师报告	1995~2008 年	机器学习（朴素贝叶斯）	使用机器学习方法获得的情感分类准确率比使用基于词典法获得的分类准确率要高得多； 相较于积极语调，投资者对消极语调更加敏感； 分析师报告语调提供了有关公司短期和长期业绩的信息，且消极语调比积极语调更能说明公司未来的业绩
Huang et al.（2014b）	盈余公告 MD&A	1997~2007 年	词典法（L&M）	盈余公告中异常积极的语调与公司未来 1~3 年的盈利和经营现金流状况不佳有关； 管理者倾向于使用披露语调作为盈余管理的补充； 语调操纵成功地误导了投资者
Blau et al.（2015）	盈余电话会议	2005~2006 年	词典法（L&M）	卖空者的目标公司同时具有高超预期盈余（Earnings Surprise）和异常积极管理层语调； 天真的投资者由于无法判断管理层披露的策略性语调，导致股价高估； 卖空者比天真的投资者更能完全地解释经理们透露的“夸大”好信息； 由于卖空者的交易提供了额外的价格发现途径，管理者无法通过在电话会议中披露出过于乐观的语调来长期维持股票高估现象
Brockman et al.（2015）	盈余电话会议	2004~2007 年	词典法（L&M）	相较于管理层在盈余电话会议中呈现的语调，分析师在电话会议中披露的语调更加保守； 投资者对分析师语调更加敏感
Davis et al.（2015）	盈余电话会议	2002~2009 年	词典法（DICTION/Harvard/L&M）	管理者个人特质（乐观或悲观特质）会影响管理者在盈余电话会议中使用的语调； 管理者早期的工作经历会显著影响管理者在电话会议中的情感特征； 公司高管是否参与慈善组织也会显著影响其披露的语调方向

续表

文献	文本信息来源	样本时间	文本分析技术	主要结论
Loughran & McDonald（2015）	年报	1994~2012 年	词典法（Diction/L&M）	使用 Diction 字典识别公司年报时，作者发现 83% 的乐观词和 70% 的悲观词可能被错误分类； 年报中尊重、安全和权威等也不会被 Diction 词典划分为积极词汇。 Loughran McDonald（2011）词典在量化金融会计文本语调方面比 Diction 词典更有效
Agarwal et al.（2016）	信用评级报告	1998~2010 年	词典法（L&M）	标准普尔（S&P）信用评级报告包含的净语调与异常收益率显著负相关； 代理人利益冲突不会导致信用评级报告语调虚高； 代理人利益冲突不会影响信用评级报告文本语调与异常收益率之间的关系
Arslan-Ayaydin et al.（2016）	盈余公告	2004~2012 年	词典法（L&M）	基于股权的激励会诱使经理人夸大利好消息，产生异常积极的语调； 当管理层的利益与公司股价关系紧密时，盈余公告的文本语调更为积极； 管理层股权激励越高，投资者对盈余公告语调的反应越弱
Kiesel（2016）	信用评级报告	2004~2015 年	词典法（L&M/Henry）	评级报告的语调对股票收益率和 CDS 利差有显著影响； 尤其是报告中的负面言论，会导致股市负面反应和 CDS 利差增加
Brockman et al.（2017a）	电话会议	2001~2012 年	词典法（L&M）	公司内部人士会在消极电话会议后买入公司股票，在积极电话会议后卖出公司股票； 分析师提问和拜访会影响公司高管在电话会议后的股票交易行为
Brockman et al.（2017b）	电话会议	2005~2015 年	词典法（L&M）	电话会议中积极的管理层语调和分析师语调会导致更高的股票回报率； 香港股票市场中，投资者更重视管理层语调； 对于拥有成熟投资者基础的公司来说，股市对电话会议的反应更强烈
Campbell et al.（2017）	年报	2005~2013 年	词典法（L&M）	年报中文本语调变动的非预期部分呈现了公司的风险； 投资者对文本语调的非预期部分反映不足
D' Augusta & DeAngelis（2017）	MD&A	1993~2013 年	词典法（L&M）	公司会计稳健性可以有效抑制管理层上升的语调管理； 当公司高管语调操纵的动机较高时，会计稳健性对管理层机会主义行为的抑制性更强； 这一抑制效应对 MD&A 中过去经营状况的作用强于对未来发展与展望部分； 无证据表明会计稳健性会促进下降的语调管理

续表

文献	文本信息来源	样本时间	文本分析技术	主要结论
Ertugrul et al.（2017）	年报	1995~2013 年	词典法（L&M）	年报中模糊性词语使用率较高的公司，其贷款合同条款更严格，未来股价崩盘风险更大
Brochet et al.（2019）	电话会议	2002~2012 年	词典法（L&M）	来自个人主义程度更高文化背景的经理人在电话会议中倾向使用更乐观的语调； 高管的文化背景对其叙述方式有着持久的影响； 分析师对乐观的管理层语调反应积极，但只有那些与管理者有相同种族背景的人才会调整他们对公司的盈利预测
Chen et al.（2018）	电话会议	2002~2013 年	词典法（L&M）	在电话会议进行期间，公司股价变动较大； 价格对分析师语调有显著的反应，但对管理层语调无显著反应； 当分析师语调相对消极时，股价对分析师语调的反应更加强烈
Ahn et al.（2019）	管理层与信用评级机构的私人沟通	1999~2013 年	词典法（L&M）	管理层与信用评级机构的私人沟通中，会隐瞒坏消息并强调好消息； 当评级机构获得更多私人信息时，它们对负面（相对于正面）公共信息事件表现出相对更少的反应
Bakarich et al.（2019）	年报	2000~2014 年	词典法（L&M）	公司每个生命周期指标都是不同文本特征的决定因素； 随着企业从导入期到成熟期，企业的年报变得不那么复杂、不那么模棱两可，并更加乐观； 在公司成熟期到进入衰退期前，公司年报的清晰度和可读性达到峰值； 公司进入衰退期后，年报最为模糊和消极
Bochkay & Levine（2019）	MD&A	1994~2012 年	词典法（L&M）	将 10-K 报告的管理层讨论和分析（MD&A）部分的叙述性披露与财务变量相结合，以预测企业下一年的股本回报率（ROE）。 使用 MD&A 披露的模型比仅使用定量金融变量的模型更准确； 未来业绩变化较大、未来业绩为负、投资者监督度高、高风险、高应计利润为正、收益价值相关性高的公司，其 MD&A 披露信息量较大，而面临较大市场风险和诉讼风险的较年轻公司，MD&A 披露信息量较小

续表

文献	文本信息来源	样本时间	文本分析技术	主要结论
Campbell et al.（2019）	互联网借贷	2005~2008 年	人工标注	借款人信息中包含的持续性积极或消极暗示可以提高贷款效率
DeBoskey et al.（2019）	盈余公告	2008~2013 年	词典法（L&M）	盈余公告语调与 CEO 任期和 CEO 两职兼任显著正相关； 董事会监督越严格，尤其是当董事会成员的声誉成本较高时，CEO 任期效应越弱； 董事会监督对 CEO 两职兼任与管理层语调之间的关系无影响
Fu et al.（2019）	电话会议	2010~2015 年	词典法（L&M）	电话会议语调比较消极的公司，未来股价崩盘风险更高； 在信息环境较好、管理层股权激励较低的公司中，管理层语调的预测股价崩盘风险的能力更为显著
Jiang et al.（2019）	年报 季报 电话会议	2013~2014 年	词典法（L&M）	构建了一个基于企业财务信息披露的复合经理人情绪指数； 经理人情绪对于未来股市的总收益具有较强的预测作用，且这一影响远大于其他宏观经济变量的预测能力；经理人情绪与公司层面的股票回报率显著负相关，这一效应在难以估值、套利成本高昂的公司更为显著
Panel B：使用中文书写的会计文本				
Ji et al.（2018）	独立董事报告	2004~2012 年	机器学习（朴素贝叶斯）	独立董事报告语调越积极，公司未来业绩越高，且这一关系受董事的监督激励影响； 更关注职业发展的独立董事（即年轻的董事或会计金融专家）在评估公司基本面时更倾向使用消极的语调； 对于监控需求较大的企业来说，独立董事报告消极语调与公司未来绩效的关系更为显著
Yan et al.（2019）	招股说明书	2007~2016 年	词典法（自建，非开源）	不确定或消极的 IPO 招股说明书文本语调与公司上市后收益率波动显著相关； 不确定或消极的 IPO 招股说明书文本语调会降低股票长期收益率
谢德仁和林乐（2015）	全景网业绩说明会	2005~2012 年	词典法（翻译 L&M/Henry）	管理层语调与公司未来业绩显著正相关

续表

文献	文本信息来源	样本时间	文本分析技术	主要结论
林乐和谢德仁（2016）	全景网业绩说明会	2005~2012年	词典法（翻译L&M/Henry）	投资者对管理层的净正面语调做出了显著的正向反应，尤其是对负面语调做出了显著的负向反应
林乐和谢德仁（2017）	全景网业绩说明会	2005~2012年	词典法（基于L&M自建）	积极的管理层语调提高了分析师更新其荐股报告的可能性及更新人数比例； 积极的管理层语调提高了分析师荐股评级水平和变动； 经验丰富的分析师、非明星分析师、来自小券商和工作更为繁忙的分析师相对更充分或更有可能利用业绩说明会语调来更新其荐股行为
曾庆生等（2018）	年报	2007~2014年	词典法（翻译L&M）	年报语调越积极，公司高管在年报公布后的卖出股票规模越大，净买入规模越小； 上述“口是心非”现象在市场表现差、信息透明度低、非国有控股的公司更为显著； 年报语调越积极，高管亲属卖出股票的规模也越大。 年报语调成为除会计报表以外另一种可以被内部人管理或操纵的信息
甘丽凝等（2019）	全景网业绩说明会	2010~2015年	词典法（翻译L&M）	管理层语调具有定价功能：积极的管理层语调能够显著降低权益资本成本； 会计信息质量越高，管理层语调的定价效率越显著； 当管理层有动机操纵语调信息时，如大股东减持、增持或者增发时，管理层语调与权益资本成本之间的关系显著弱化
马黎珺等（2019）	分析师报告	2009~2015年	机器学习（支持向量机）	分析师报告中前瞻性语句的文本语调与报告发布后的累积超额收益显著正相关，分析师报告语调向市场传递了增量信息；上述关系在公司信息透明度较低、投资者信息处理能力较强以及分析师报告质量较高时更加显著； 当文字信息与定量信息能够相互佐证时，市场对分析师报告中各类信息的反应更加敏感； 分析师报告中的前瞻性语句成功预测了企业未来的基本面变化
孟庆斌等（2019）	“互动易”问答平台上企业与投资者沟通	2010~2015年	NLPIR平台	投资者提问的负面语气能够显著降低公司的股价崩盘风险；投资者正面语气与股价崩盘风险之间不存在显著的相关性；董秘回复的负面语气与股价崩盘风险不相关； 投资者提问的语气越负面，机构投资者下期的持仓越小，越倾向于卖出股票； 投资者提问的负面语气能够显著地降低信息不对称

以用来检验资本市场的效率。根据投资者有限关注理论，投资者可能存在对会计文本语调反应不足的现象，最终导致市场错误定价。以盈余公告后股价漂移（FEAD）这一资本市场经典异象作为分析对象，Feldman et al.（2010）和 Price et al.（2012）发现，会计文本语调可以解释盈余公告股价漂移现象，会计文本语调变化越大，市场反应不足现象越严重，股价吸收的盈余信息越少。

除了对资本市场反应的影响，会计文本语调对资本市场参与者也有显著的影响，尤其是投资者和证券分析师。首先，会计文本语调对市场的影响，实质上是对投资者的影响。电话会议中管理者语调会显著影响投资者对文本信息的理解（Davis et al.，2015）。此外，与普通投资者相比，虽然证券分析师具有更专业的信息分析能力，但是公司披露信息的文本语调依旧会影响分析师的行为。Kothari et al.（2009）通过量化季度盈余报告的文本数据发现，积极的文本语调和确定性语言使用频率与分析师预测变更显著正相关。Samuel & Bonsall（2013）分析盈余新闻发布稿中“经营结果和财务条件”文本数据后发现，文本语调的积极程度与下一季度盈余发布预测误差、分析师预测更改以及盈余发布窗口的市场异常收益率呈显著正相关关系。林乐和谢德仁（2017）通过研究业绩说明会互动平台的文本数据发现，积极的管理层文本语调会提高分析师更新其荐股报告的可能性及更新人数比例，并会提高荐股评级水平；且由于分析师存在乐观性偏差，分析师仅对管理层使用的积极情感词汇产生显著反应，对消极情感词汇无反应。Balakrishnan & Bartov（2011）和 Druz et al.（2013）通过进一步研究发现，经验丰富的证券分析师更能有效使用会计文本语调进行预测，但是经验不足的分析师对会计文本语调的信息含量则明显反应不足。具体而言，IPO 招股说明书风险因素分析部分的文本语调可以影响分析师预测误差，且这一相关关系受分析师经验的限制（Balakrishnan & Bartov，2011）。Druz et al.（2013）发现，当电话会议中的文本语调包含了公司未来业绩信息时，经验不足的分析师对电话会议中管理层回答（展示）部分的语调反应不足（过度反应），但经验丰富的分析师则会对回答和展示部分做出适当的反应。林乐和谢德仁（2017）进一步发现，隶属于小券商、非明星以及需要撰写较多预测报告的分析师，更有可能利用业绩说明会来更新预测。会计文本语调一定程度上可以代替部分实地调研，帮助分析师提高预测效率。

2.3.4.2 会计文本语调操纵性披露的影响

研究发现，上市公司披露信息的文本语调可能被管理层为获取利益而操纵（Larker & Zakolyukina, 2012 ；Huang et al., 2014b ；Arslan-Ayaydin et al., 2016）。由于文本信息的披露形式受到的约束相对较小，管理层会策略性地调整和修饰文本的语调，通过最大化好消息、最小化坏消息的方式影响股票市场反应（Davis & Tama-Sweet，2012）。上市公司内部人士会通过管理会计文本语调达到信息操纵的目的，当上市公司电话会议呈现较积极（消极）的文本语调时，公司内部人往往选择卖出（买入）公司股份（Brockman et al., 2017）。且公司经理人在业绩新闻发布会中披露的异常积极语调往往伴随着公司未来较低的盈利和现金流，业绩说明会中管理层异常语调越积极，公司未来盈余和现金流量反而越低（Huang et al.，2014b）。同时，股权激励也会引起管理层异常语调披露现象（Arslan-Ayaydin et al., 2016）。以上研究结果表明，策略性文本语调管理已成为公司管理层盈余管理的一种新的手段，管理层会通过策略性的语调披露误导投资者对公司基本面的认知和预期。

2.3.5 文献评述

本小结从文本信息来源、情感分类方法、会计文本情感影响因素和影响效应四个方面出发，对会计金融领域的文本语调分析文献进行了回顾。这些研究分别论述了文本语调对投资者、公司和市场的影响，对传统金融学和行为金融学等领域做出了贡献。具体而言，这些文献有助于市场参与者理解企业绩效等定量信息与文本语调等定性信息之间的互补关系；改进了会计文本情感分类方法，通过构建金融领域的情感词典和使用机器学习算法获取了更加准确、有效的会计文本情感变量；从新的角度推进了关于市场效率的研究。

通过对国内外近 20 年会计文本情感分析研究成果进行系统性梳理，我们发现国外会计文本情感的信息价值已得到广泛的证实。但是已有研究还存在以下不足：

第一，现有研究几乎全部以英文文本为分析对象，文本情感分类方法（尤其是字典法）以英文词汇和语义规则为基础。但是不同语言之间存在显著的差异，国外广泛使用的 Harvard、Henry、Diction 和 L&M 词典均不适用非英语书写的会计文本情感分析。少数中国学者通过翻译 L&M 词典的方式构建了相应的中文金融情感词典，但他们并未对所构建的词典进行披露，且 L&M 词典本质上也并不适用中国金融市场。现有开源的中文情感词典主要包括台湾大学情感词典和 HowNet 情感词典，但这两种情感词典的涵盖范围主要为日常用语，并不适用财经领域的文本情感分析。

第二，现有的会计文本情感分析主要以美国金融市场为主。但是对于其他国家而言，不同的文化背景和市场制度可能会影响公司财务信息披露和市场反应。因此，基于美国会计文本的研究结论并不能直接运用在其他国家，不同文化与制度环境背景下的会计文本语调的信息含量还需进一步验证。

第三，现有的会计文本信息来源多集中于年报、季报、业绩公告、招股说明书、电话会议和分析师报告，企业社会责任报告、公司路演、高管演讲和审计报告等其他财务文本信息尚未得到广泛的研究。

第四，在考量会计文本信息引起的经济后果时，现有研究主要以投资者理性和有效市场理论为基础习惯，使用公司基本面、股票累积超额收益率、股票交易量、股价波动率等指标来研究会计文本的信息效率。但是，投资者尤其是中小投资者并非完全理性，发展中的金融市场也未达到完全有效。

第五，中国上市公司年报形式上由董事长负法律责任，但实际上年报的披露往往是由公司证券部门负责人牵头，与财务部门和其他经营部门协作完成的。因此高管团队的特征可能直接影响文本信息的特征，但以往对中国上市公司年报披露的文本研究并未重视这一点。

基于上述分析，我们将在本书中进行如下研究：

第一，构建适用于中文会计语言的文本情感分析方法。本书选择翻译L&M词典的同时，参考机器学习情感分析方法，通过构建人工标注情感语料库得到关键词和寻找相似词相结合的方式，得到更全面、丰富且适合中国财经文本情感分析的情感词典。

第二，积极探索中国情境下的会计文本研究。与欧美等成熟资本市场不同，中国属于转型发展中的新兴市场。因此，对于中国会计文本特征的研究不仅要借鉴国外的研究框架和理论成果，更需要结合中国特有的制度背景分析会计文本信息价值。首先，中国上市公司四代理问题严重，第一类和第二类代理问题都十分严重，公司高管代表股东利益的同时也具有谋取个人利益的动机。其次，中国金融市场信息不对称程度较高，不透明的信息环境也会影响管理层对会计文本信息的披露策略。最后，以不具有专业财务背景的散户为主的投资者结构，也会影响市场对会计文本信息的理解和反应。

第三，引入管理层权力理论，探讨高管在面临利益冲突时对会计文本语调信息含量的影响。已有研究证明，MD&A（Davis & Tama-Sweet，2011；Bochkay & Levine，2019）、盈余报告（Davis et al.，2011）和业绩说明会（谢德仁和林乐，2015）中呈现的管理层语调会向市场传达关于公司未来预期业绩的可靠信息。但是上述研究并未考虑当管理层面临利益冲突时，上述“信息供给”动机是否会被“信息模糊”动机削弱或掩盖。因此，我们将在第4章探讨管理层利益冲突（高管货币薪酬激励、CEO变更压力和高管股权锁定期）作为调节变量，会计文本语调与公司未来业绩水平之间的相关关系。

第四，引入议程设置理论，解释非理性投资者在媒体议程设置下对会计文本语调的理解和反应。在分析股票市场对会计文本语调反应的研究中，学者大多基于传统金融学理论验证公司披露的文本语调对股票短期异常收益率（Henry，2008；Tetlock et al.，2008；Doran et al.，2010；Feldman et al.，2010；Demers & Vega，2011；Durnev & Mangen，2011；Davis et al.，2015；林乐和谢德仁，2016；Yan et al.，2019）、交易量（Loughran & Mcdonald，2011；Price et al.，2012）和股价波动性（Kothari et al.，2009）的影响。但是如前文所述，中国金融市场不对称程度较高，且投资者以散户为主。同时，作为信息传播者，媒体在上市公司与投资者间起着重要的桥梁作用。且根据议程设置理论，媒体报道虽然无法直接决定公众的看法和观点，但可以通过提供信息和调整议题来影响公众对事实和意见的关注次序，间接影响个人的观点和决策。因此，本书将在第 5 章深入探讨媒体报道对会计文本语调市场反应的影响机制。

第五，引入信息隐藏理论，探讨会计文本语调与股价崩盘风险之间的关系。已有研究表明，管理层会出于利己动机策略性地披露会计文本语调，误导投资者对公司基本面的认知（Larker & Zakolyukina，2012；Huang et al.，2014b；Brockman et al.，2017a；Ahn et al.，2019；曾庆生等，2018）。但上述文章大多从会计文本情感词使用（Larker & Zakolyukina，2012）、管理层异常语调（Huang et al.，2014b）、财务报告披露后公司高管股票交易行为（Brockman et al.，2017a；曾庆生等，2018）角度出发，验证公司高管语调操纵现象。本书第 6 章选择引入信息隐藏理论，直接验证管理层是否通过披露好消息、隐藏坏消息的方法修饰会计文本语调，增加股价未来崩盘风险。

第六，将审计报告情感分析纳入会计文本的分析框架。现有关于会计文本情感分析研究的信息来源于三个方面：①公司披露的信息，如年报、季报、MD&A、盈余公告、电话会议、业绩说明会和企业社会责任报告。②第三方披露的信息，如媒体报道和分析师报告。③社交网络。尚无文献涉及审计师报告文本语调。独立审计作为公司治理的外部监督主体与保证机制，旨在缓解代理问题和降低代理成本，约束管理层的机会主义行为。已有研究证明，具有非标准审计意见的公司股票价格更低（Menon & Williams，2010；Chen et al.，2010）、财务重述的概率更高（Czerney et al.，2014）。审计报告提供的大多是程式化的文字信息，如“管理层对财务报表的责任”和“注册会计师的责任”大多使用样板式的文字和标准化的语句，并不具有信息价值。但审计报告中其他部分，如“与持续经营相关的重大不确定性”“关键审计事项”“强调事项”等，充分反映了注册会计师对公司运营和财务状况的看法，具有丰富的情感色彩和信息价值。因此，本书将在第 6 章论证审计报告文本语调的信息价值。

第3章 会计文本语调量化研究

3.1 引 言

目前使用词典法分析中国会计文本语调的研究主要有：林乐和谢德仁（2015，2017）、曾庆生（2018）、甘丽凝等（2019）、孟庆斌等（2019）、Yan et al.（2019）。林乐和谢德仁（2015，2017）开创性地将L&M词典应用在上市公司业绩说明会中，证明了在中国财经领域，同样可以使用词典法对文本进行情感挖掘，且所挖掘出的情感倾向（语调）含有信息增量，可以帮助信息使用者预测公司业绩。随后，曾庆生（2018）、甘丽凝等（2019）、孟庆斌等（2019）和Yan et al.（2019）等基于林乐和谢德仁（2015，2017）、L&M词典法，对中国会计文本语调的市场影响进行了进一步分析。

但他们的文本语调测量有一定的局限性：①由于篇幅限制，他们均未公布其使用L&M词典的内容以及翻译情况。②L&M词典是根据大量的美国上市公司年度报告（10-Ks）研究积累形成的，与我国的会计用语和中文语言习惯，甚至社会经济状况有很大的不同。仅通过翻译L&M词典并不能高质量涵盖中国金融会计文本情感词汇。③年报报告等属于经过审计的、严谨的书面长文本，而上述文章的应用对象大多是业绩说明会这样相对口语化的短文本，两者在披露规范上有非常大的区别。

2009~2014年Loughran & McDonald根据研究不断对词典进行完善，从最初的85091个单词丰富至85131个单词。同时，其他应用该词典进行文本分析研究的学者也为构建金融情感词典做出了贡献。与计算机领域的开源项目类似，会计文本挖掘所使用的情感词典，也应该是不同的研究者共同合作、开放和积累的成果。因此我们希望本章可以为中国财经领域情感字典的扩充和完善提供可行的思路，为中国会计文本挖掘研究做出贡献。

本章详细描述了使用计算机文本挖掘技术衡量年度报告 MD&A 文本语调的方法和流程。首先，使用计算机网络爬虫技术爬取目标企业的公司年报。其次，通过文本格式转换、正则匹配、数据清洗、去除停用词、分词等方法对 MD&A 文本进行预处理。再次，使用词典翻译法、人工标注语料库、相似词查找三者相结合的方式获取适用于中国会计金融文本情感分析的情感词典。同时，构建量化文本语调的分类模型。最后，获取目标文本的语调。具体流程如图 3–1 所示。

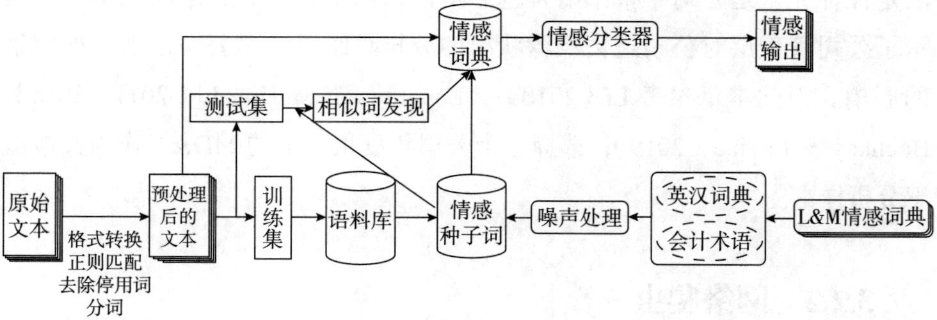

图 3–1　情感词典构建流程

3.2 语料库的采集和预处理

3.2.1　研究对象选择

目前金融和会计领域的学者研究涉及的金融领域文本数据主要有三

类：第一类是用户生产的内容（User Generated Contents，UGC），如论坛、博客、微博等；第二类是第三方生产的内容，如新闻报道、研究报告等；第三类是公司披露的内容，如年报、招股说明书等。其中只有第三类是由公司内部发出的、对公司经营现状和未来业绩描述的官方文件。其文本内容特点、语言学风格和语气措辞，更可能直接传达出关于公司未来经营绩效的有用信息，这类文本在用来研究公司经营状况和股票价格时非常有效。

公司年报作为上市公司信息披露中最重要的组成部分，是市场直接获取公司信息的有效渠道。相较于季报、中期财务报告、电话会议纪要、路演等其他会计文本，由于公司年度报告经过了注册会计师的审计，年报中呈现的消息更为可靠也更容易引起市场重视。MD&A 作为公司年报中财务数据的定性补充，是公司年报中语言色彩最浓郁的部分，更加生动地向外界展示了公司管理层对公司过去经营状况的分析总结以及对公司未来发展前景的展望。因此本章参考 Li（2010b），Loughran & McDonald（2011，2014），Bochkay & Levine（2019），选择上市公司年度报告中的 MD&A 作为文本情感分析样本。

3.2.2 网络爬虫

面对大样本的信息需求，依靠人工方法收集 A 股所有上市公司的年报显然过于耗时。因此我们选择引入网络爬虫技术，准确和高效地获取所需信息。网络爬虫是指按照一定的模式，将网络上的网页进行下载。它将一个 URL 集作为种子，解析 DNS 并下载和储存页面，然后在 URL 页面集中选取新的超链接，进行下一个循环。随着搜索引擎从第一代目录式、第二代关键字匹配式，发展到第三代智能化搜索引擎，网络爬虫技术也随之发展。如面向主题的网络爬虫、基于语义分析的网络爬虫、面向多媒体搜索的网络爬虫、面向个性化需求自动调节的网络爬虫等。根据本书的需求，我们选择使用面向主题的网络爬虫获取所需年报。

主题网络爬虫在通用网络爬虫的基础上，对其进行了改造，使网络爬虫在爬取网页时，只把与主题有关的网页纳入范围。主题网络爬虫具有与搜索结果主题相关度高、网络资源占用少、网络使用效率高的优点。其工作原理是：先对初始 URL 集进行处理，按照主题相关性排序，依照所排顺序抽取 URL 并从网上搜索页面，比较取得的页面是否接近主题，如果与之有关，则进行储存；如果无关，则丢弃页面。相对于通用网络爬虫所增加的主题相关性分析模块，根据预先设定的相关性阈值判断当前网页与主题之间的相关性，依其相关性决定保留还是舍弃该页面。URL 分析模块采用算法分析当前网页与主题相关与否，并根据主题相关度依次进行搜索。

采集上市公司年度报告主要有三个途径，一是登录各家上市公司的官网下载，二是使用巨潮资讯网下载，三是使用新浪财经网下载。巨潮资讯网为银监会指定的信息披露网站，其查询历史公告栏目披露了上市公司发布的年度报告。但由于巨潮资讯网存在反爬虫策略和机制，即使在爬虫语言中添加延长间隔时间和更换 IP 地址下载等措施，在爬虫过程中还是会损失一些数据。而且随着爬虫运行时间的延长，自动下载的年报增加，网站的反爬虫机制影响越强。因此我们选择使用新浪财经网作为文本的爬虫接口。基本流程如图 3–2 所示。经过数据清洗后，最终获取了 9538 份有效的年度报告，总体而言爬虫运行表现良好。

3.2.3　文本数据预处理

（1）格式转换。由于通过爬虫从网上抓取的上市公司年度报告均为 pdf 格式，并不能直接进行后续的正则匹配和分词等处理，因此需要将 pdf 格式的文本处理成为 txt 格式。我们使用 GitHub 上的一个开源工程 PDFminer.six[①]，这是一个可以自动将 pdf 格式文本转化为 txt 文本的 Python 开源工程。尽管目前市面上有 ABBYY 这样成熟的 pdf 格式转化软件可以使用，但经过

① https://github.com/pdfminer/pdfminer.six.

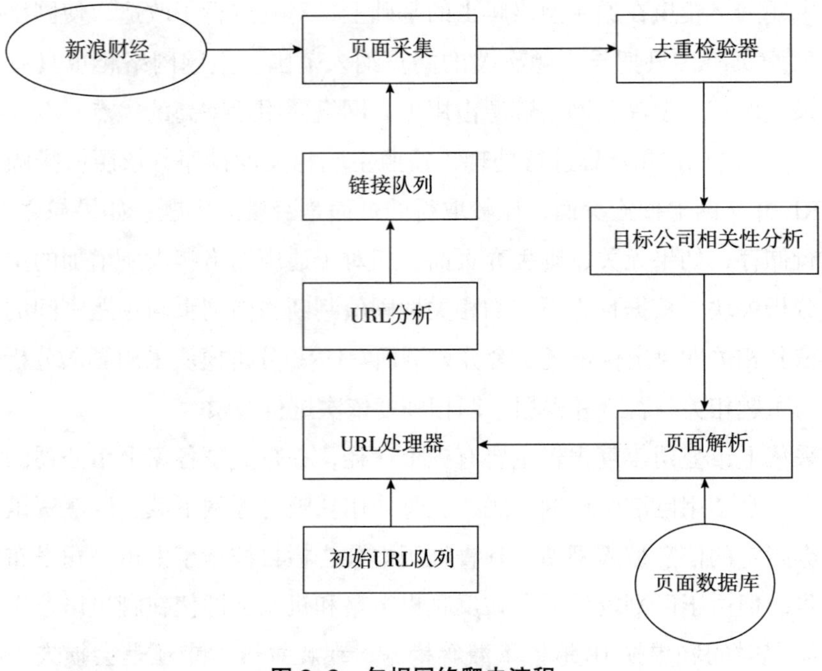

图 3-2 年报网络爬虫流程

评测发现，以 ABBYY 为代表的 pdf 格式转化软件，速度较慢，同时不具备批量添加转化的功能，因此我们选择 PDFminer.six 这个开源工程进行格式转换。经过观测，发现使用 PDFminer.six 转换每个文本格式大约需要 3 分钟，是包括 ABBYY 在内的所有转化格式手段里效率最高的，借助多个电脑，历经两周左右，最终将 2012~2017 年 A 股上市公司年度报告全部由 pdf 格式转化为 txt 格式文本。

（2）正则匹配。所谓正则匹配，就像一把钥匙，可以从年度报告这个有很多抽屉的柜子中找到 MD&A 这一个“抽屉”，并打开抽屉把里面的内容提取出来。由于管理层讨论与分析并不是上市公司年度报告的全部，除此之外还有大量的财务报表、附录、其他重大事项披露等内容，因此需要使用该方法将 MD&A 部分的内容从庞杂的年度报告中提取出来。

3.3 情感词典的构建

目前情感词典的构建方式大致有三种：第一种是基于人工构建的方法；第二种是基于词典的构建方法；第三种是基于语料库的构建方法。具体而言，①基于人工构建的方法得到的词典准确率较高，具有一定的权威性，但是需要大量的人工标注工作，费时费力，且覆盖率较低。如 General Inquirer（Stone et al.，1966），ANEW（Bradley et al.，1999）等均采用了这种方法。②基于词典的构建方法，是在已有经典词典的基础上，使用该词典的同义词、反义词和 WordNet 关系网，根据预先定义语义倾向的基准词，计算词语相似度来扩充情感词典，如 Hu et al.（2004），Esuli et al.（2006），Xu et al.（2010）等均采用了这种方法。③基于语料库的方法是指通过计算在语料中两个词语之间的共现频度或利用一些语言习惯来判断它们之间的相关性，进而构建情感词典，如 Turney et al.（2002），Wilson et al.（2005），Mohammad et al.（2013）等均采用了这种方法。

考虑到情感词典构建过程中的通用性和易扩展性，本章使用三种基于词典方法建立面向会计文本中词语和短语级的情感资源。①翻译已有词典的方法。利用国外会计文本情感分析领域广泛使用的 L&M 词典，将其中的英文情感词汇（积极词、消极词、程度词）翻译成汉语情感词汇，从而实现汉语金融会计情感词典的初步构建。另外，参考 L&M 词典和 HowNet 知网情感词典，选择将程度词划分为“不充分、弱、中等、强、最”五个等级。②随机抽取 3.2.1 抓取的年报中 3 万条句子，将每条句子标注为“积极、消极、中性”的一种。随后使用 TF-IDF 算法提取相应的关键词，一方面形成积极和消极情感类别词，另一方面在关键词中挑选出能够代表情感强烈程度的程度关键词，且与前文一致，所选取的程度词划分为“不充分、弱、中等、强、最”五个子类。最后将所获取的情感关键词加入已构建的情感词典中，并删去重复词。③根据已建立的种子词集（Seed Words），利用 Bootstrapping 方法，再次对情感词典进行扩充构建。综上，我们得到适应中国金融会计情感文本分析的词典，具体步骤如下文所示，具体情感词汇详见附录 A。

3.3.1 基于翻译词典的方法

基于翻译词典的情感词典构建的整个处理过程由三部分组成：

（1）对源语言进行目标语言的翻译。我们选择 L&M 情感词典中收集的英文情感词汇作为源语言信息，并对其中词汇进行大小写转换；随后，使用英汉双语词典对每个英文情感词汇进行汉语翻译。在上述翻译过程中，对英语进行词汇化（Lemmatization）后，可能会产生情感信息的改变或丢失问题。因此，我们没有对英文情感词汇进行词汇化处理。但是这种处理方式会生成规模较大的翻译结果，而这些翻译结果中会存在相同或相似的结果，如“乐观的”和“乐观”等，甚至会产生一些“噪声”，如“树荫”等。而这种相似的结果和“噪声”对我们后期的使用造成一定的干扰，我们必须对其进行“剪枝”处理。对于相似的词汇，进行去重和相似度计算，只保留唯一结果；对于“噪声”，则选择直接删除。

（2）处理翻译词典后产生的“噪声”。对源语言情感词典进行翻译时，常出现“1∶n”的情况，也就是说，一个英语单词的翻译对应多个汉语短语。例如，按照传统英汉字典，“Revolutionized”应翻译成“使发生革命性变化”；“Harassment”应翻译成“折磨人的事”；“Desirable”应翻译成“令人满意的”等。但事实上在年报的表达中，一般不会完整使用上述表达。因此在后续的研究中，此类短语中的某些词汇（如“使”“的东西”“令人……的”等）会干扰文本情感分析过程中特征提取和后续运算的准确度。

针对这类短语，我们需要定义相应的“模板”，如“（形容词或动词）的原因”“使人 / 满意（形容词或动词）/ 的事”“令人 / 满意（形容词或动词）/ 的”等；然后，在对汉语部分进行分词和词性标注的前提下，去除模板内词语，提取关键的词汇或短语。如上述两个模板中，我们将去除“使人……的事”和“令人……的”，保留“满意”，从而建立精练的目标语言（汉语）的情感词汇或短语。我们共定义了几百条模板。

（3）紧扣会计专业术语。在翻译过程中，仅按照传统英汉词典获取的翻译结果可能与会计用语有较大差距。如“Uncollectable”，字典直译为“无法回收的、难以征收的、不可收集的”，但结合会计学知识，“Uncollectable”在会计领域常以“Uncollectable Accounts”组合使用，因此除了将“Uncollectable”按照词典原意翻译外，还应加上会计领域的专有名词“呆账、坏账、烂账”。

3.3.2　基于人工标注语料库的方法

在本小节，我们选择人工标注语料库的方法，以句子作为标注的基本单位，对每个标注单位进行情感类别标注，该单位既是语言理解和表达的基本单位，也是计算机自然语言处理的基本单位。

目前面向句子级的情感语料库构建方法主要有两种：人工构建的方法和机器学习的方法。人工构建的方法主要是由若干名标注者标注句子的情感倾向，最后采用某一评判标准确定句子的最终情感倾向，如 Alm et al.（2005）和 Aman et al.（2007）等。机器学习的方法需要借助一定规模的已标注情感信息的语料，然后通过机器学习算法对未标注的语料进行情感倾向标注。相关的研究有 Pang et al.（2002）、Wilson et al.（2005）、Zhang et al.（2014）等。也有一些研究者借助机器翻译技术，对已有情感语料进行目标语言的翻译，生成目标语言的情感标注语料，如 Banea et al.（2013）。

由于中文金融情感语料库标注没有任何可借鉴的开放资源，我们选择人工构建的方法建立中文金融情感标注语料库，借鉴 Alm et al.（2005）和 Li（2010b），步骤如下：

（1）人工标注及标注规则。首先，随机抽取本书抓取的 MD&A 中 3 万个句子。将这 3 万个句子分为 300 个子集，每个子集包含 100 个无重复的句子。随后，由 12 名具有财务金融专业学习背景的标注者对这些子集进行独立标注，其中每个子集由三个不同的人标注。每个标注者将每个子集中的每条句子标注为“1（褒义）、–1（贬义）、0（中性）”的一种。在人工标注过程中，由于标注者可能无法立刻判别每个单词的情感属性，因为我们借助上文初步建立的情感词典以及相应的匹配模板来辅助完成句子的情感标注任务，同时可以借助在线搜索引擎，搜索某个关键词相关的词汇，从而辅助完成句子的标注任务。具体的标注规则如附录 B 所示。

（2）一致性计算。对情感语料进行人工标注的过程中，常会出现一个句子对应多个情感倾向标签的情况。出现这种句子情感歧义标注问题的原因在于，针对同一个句子，不同的标注者可能会有不同的理解。因此，通过计算互标注者的一致性（The Inter-Annotator Agreement）来解决这个问题。我们发现不同情感倾向的平均成对一致性（The Average Pair-Wise Agreement）的范围为 0.51~0.8。因此，我们在实验语料的选择上，选择了一致性大于等于 0.7（经验值）的句子。

（3）对标注结果的检查和修改。在人工标注的过程中不可避免地会存在一些错误，检查修改是不可避免的一个重要环节，否则，可能因为标注错误太多导致语料库质量太差，基于这样有错误的语料库的统计分析结果是不可靠的。如果完全依靠人工去检查和修改标注错误，不仅速度慢，而且可能漏掉一些错误，甚至产生新的错误。为此，我们采用程序自动检查和人工修改相结合的方法。对于每一个标注文件，检查程序根据标注规范、标注逻辑检查是否正确，如果发现错误，则定位错误并报告错误信息。对于标注结果，检查程序根据关键词汇或短语的情感词典库搜索标注结果是否正确，如果发现可能产生多种情感标注结果，则定位错误并报告错误信息。

（4）TF-IDF 算法自动提取关键词。如果一个词在一个文本中频繁出现，而在其他文本中出现较少，甚至不出现，则可认为该词有着较好的区别，可以将该文本与其他文本区分出来。因此我们选择 TF-IDF 算法（Term Frequency-Inverse Document Frequency）来获取目标关键词。当词 i 的 TF-IDF 值较高时，代表词 i 在某一特定文本中出现频率高而在整个文档集合中包含它的文本数少，那么词 i 就是我们的目标词。基于此，我们计算褒义、贬义和中性句子文档中的每个词的 TF-IDF 值，分别取三个文档中 TF-IDF 排名后 2000 的词语作为各自的关键词，以进一步修改和完善本章前文所构建的情感词典。

3.3.3　基于 Bootstrapping 的扩充方法

Bootstrapping 是一种被广泛应用的自学策略机器学习方法，其基本思想是给定包含 w 个样本的数据集 Z，每次随机从 Z 中挑选一个样本，将其拷贝到数据集 Z'，然后再将该样本放回初始数据集 Z 中，使得该样本在下次采样时仍可能被采到。这个过程重复执行 m 次后，就得到了包含 m 个样本的数据集 Z'。算法主要步骤如图 3-3 所示。

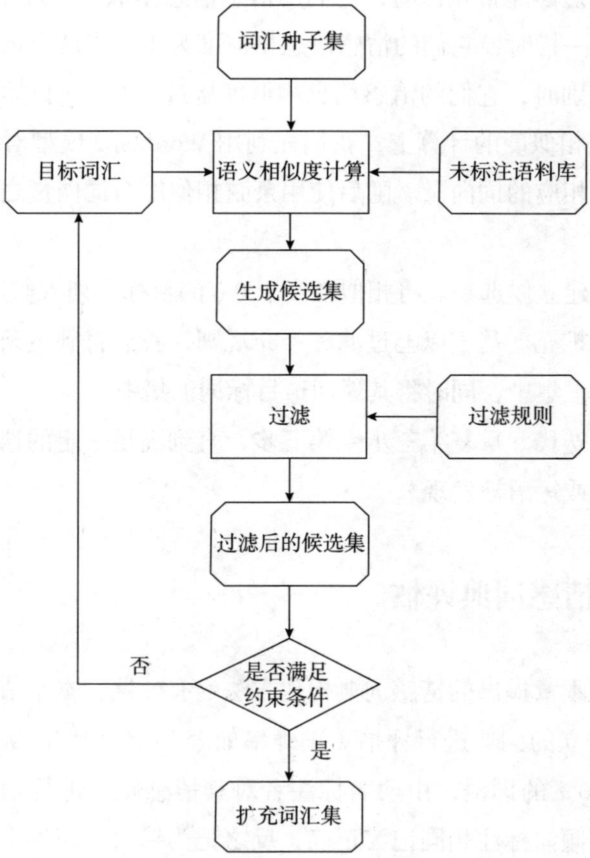

图 3-3　基于 Bootstrapping 的词典扩充算法流程

第一步，收集初始种子集词汇。我们从基于人工标注语料中获取的出现频率较高的前 100 个词汇作为初始的种子集。

第二步，收集目标词汇和未标注语料库。目标词汇来源于前文构建的词典；未标注语料库来源于 3.3.1 中未被标注的词汇，共计 200 兆左右的规模。

第三步，计算语义相似度。根据种子集，我们使用未标注语料库计算目标词汇与种子集词汇之间的语义相似度。语义相似度是指两个词语的相似程度，在不同的上下文中可以互相替换使用而不改变文本的含义。我们认为，语义相似的两个词语或短语具有相似的情感信息。如“高兴”“快乐”“欢乐”等具有相同的情绪类别。一般而言，语义相似度被定义为一个 0~1 的实数。当两个词语或短语非常相似时，它们的情感信息相似度接近 1。特别地，当两个词语完全一样时，它们的情感信息相似度为 1；当两个词语或短语属于不同的情感类别时，它们的情感信息相似度接近于 0。在目标词汇与种子集词汇之间语义相似度的计算上，我们先利用 Word2vec 模型对词语进行向量化处理，生成相应的词向量。随后使用余弦相似度对词向量之间的相似度进行计算。

第四步，建立候选集。将相似度高于 0.6 的目标词列入候选集中。

第五步，扩充。基于以上过滤和补充规则，我们将满足条件的候选集词语加入扩充词汇集中，同时将其返回给目标词汇集中。

第六步，迭代。重复第三步 ~ 第五步，直到满足一定的迭代次数或者不再有新的词汇或短语被发现。

3.3.4 情感词典评估

为了验证本章提出的情感词典构建方法的有效性，本小节利用人工评估的方法对已建立的词典进行评估（正确率如表 3–1 所示）。从已建立的语料中随机抽取 10% 的词语，由两名标注者对其情感倾向进行判断。与被抽取单词原有情感倾向标注相同记为正确，反之记为错误，正确个数与总抽取单词数之比即为该词典的正确率。

表 3–1　情感词典质量评估结果

方法	规模	积极（%）	消极（%）
翻译词典法	2413	96.42	95.58
人工标注语料库	4000	95.19	94.46
Bootstrapping 法	5051	94.21	93.35

由表 3–1 的实验结果，我们可以得到以下结论：①本章提出三种方法的平均正确率均高于 90%。由此可见，本章提出的三种方法所得到的情感词典是可信的。②基于翻译词典方法建立的情感词典覆盖率低于基于人工标注语料库和 Bootstrapping 方法，但是正确率高于后两者。由此我们可以断定，假如我们获取质量较高的源语言（如英语）的情感词典，或者获取了大样本的人工标注语料库，那么我们基于翻译词典可以获取较高质量的汉语情感词典。而人工标注语料库和 Bootstrapping 方法尽管在词典质量上略逊于基于翻译词典法，但是在词典扩展问题上非常有效。

3.4　文本语调量化模型

本部分参考 Loughran & McDonald（2011），使用词典法对 MD&A 的文本语调进行量化，并通过设计一个更为客观的算法模型解决文本中的词性反转与情感程度问题。由于中国缺乏像 Loughran & McDonald 词典（L&M 词典）这样公认的、开源的会计文本情感词库，较常见的中文情感词典（如中国台湾大学情感词典、HowNet 情感词典）并不适用财经领域的语调分析[①]。因此，我们使用于 3.3 小节中建立的中国金融情感词典对 MD&A 语调进行

① 将企业年报文本的词语列表与HowNet 情感词典进行匹配，发现 HowNet 情感词典上的词语在年报用语中不多，匹配度很差。

量化。

已有研究对于会计文本语调的测量都是直接使用简单比例加总权重的方法，将积极词数与消极词数之差，与积极词数与消极词数之和做比（Price et al.，2012）；或积极词数与消极词数之差，与年报总词数做比（曾庆生等，2018）。但这种方法过于简单，无法解决情感表达程度（大幅 / 增加，小幅 / 下滑）等问题。

引入词性反转和程度词发现，这一处理方式能够进一步提高文本情感得分的精度。首先，词语的词性不一定只由该词本身决定，一些否定词的使用会让词语的词性发生反转，如“没有 / 降低”“无 / 异常波动”等。基于此，本书在词语的位置向前搜索 1 个或 2 个位置来查找否定词并确认是否存在词性反转。其次，对于不同的情感词，每个情感词的分数绝对值大小取决于程度词。类似于词性反转，程度词的搜索采取相同的模式，在情感词的位置向前搜索 1 个或 2 个位置，根据程度词的程度大小，对情感值乘以不同的系数。本书对该系数进行了如下设定：根据程度词的强烈程度分为五个子类，并用 1~5 分别对其进行赋值：“1”代表“不充分”（如“微弱”和“轻微”）；“2”代表“弱”（如“一些”和“些许”）；“3”代表“中等”（如“更加”和“更进一步”）；“4”代表“强”（如“特别”和“格外”）；“5”代表“最”（如“百分之百”和“充分”）。每个词组的情感得分计算如下式：

$$s_j = (-1)^t \times k \times d \tag{3-1}$$

式（3–1）中，t 代表向前搜索所获取的否定词的个数。k 代表的是程度词的程度。若情感词本身为负词，d_j=1；若情感词本身为正词，d_j=–1。

那么整句话的情感得分为其所包含的词组的情感得分之和为：

$$s_s = \sum_{j=1}^{n} s_j \tag{3-2}$$

相类似地，每段话的情感得分则为：

$$s_p = \sum_{s=1}^{m} s_s \tag{3-3}$$

根据 Luchins（1958）的首要效应和近因效应理论，文本的开头和结尾部分比中间部分更重要。因此，我们使用计算机领域的“文本分块”（Text Chunking）方法来分块衡量年度报告的语调。同时，根据 Loughran &

McDonald（2011）的研究，我们还在语调衡量模型中考虑了 MD&A 中积极词和消极词出现的频率。最后，文本语调测量如下：

$$MD\&A\_Tone = w_1 \times s_{p,1} \times f_1 + w_2 \times s_{p,2} \times f_2 + w_3 \times s_{p,3} \times f_3 \quad (3\text{–}4)$$

式（3–4）中，w_1、w_2 和 w_3 分别代表开始、中间和结尾部分的权重[①]；$s_{p,1}$、$s_{p,2}$ 和 $s_{p,3}$ 分别表示开始、中间和结尾部分各自的情感得分；f_1、f_2 和 f_3 则分别表示了积极词或消极词在开始、中间和结尾部分出现的频率。*MD&A_Tone* 代表了 MD&A 所呈现的总体语调，*MD&A_Tone* 值越高，MD&A 所呈现的语调越积极。

3.5 小　结

本章对如何使用计算机文本挖掘技术量化会计文本语调进行了详细的陈述。具体而言，主要包括使用网络爬虫技术爬取目标文件、文本预处理、构建适用中国会计金融文本情感分析的情感词典、构建会计文本语调量化模型这四部分。

① 我们参考机器学习中计算最优超参数组合的方法——网格搜索法，通过循环历遍所有候选权重，得到首尾权重组合的最优解。

第4章

会计文本信息价值与管理者利益冲突

4.1 引 言

公司年报作为上市公司信息披露中最重要的组成部分，是市场直接获取公司信息的有效渠道。相较于定期报告、电话会议纪要、路演等其他会计文本，由于公司年度报告经过了注册会计师的审计，因此公司年报信息含量的质量更高。MD&A 作为公司年报中财务数据的定性补充，提供了传统财务报表及其附注无法提供的信息，尤其是对表外业务、公司面临的风险和解决方案、公司未来发展前景都进行了披露，帮助投资者更好地了解公司，避免了非正式渠道披露所产生的误传风险。国外大量的研究已经证明，除结构化财务信息外，会计文本语调具有重要的信息价值，会引起显著的市场反应。

那么，中国上市公司在披露公司信息时，是否也会通过管理层文本语调向资本市场传递具有价值的增量信息？同时，与发达市场相比，中国市场管理者面临的外部监管约束相对较弱（Jiang & Kim，2015）。因此，管理层语调的信息含量是否受管理层利益冲突的影响？基于以上问题，本章提出如下两个问题：①中国上市公司 MD&A 呈现的文本语调是否含公司未来业绩的增量信息？②管理层面临利益冲突时，上市公司管理层还会通过 MD&A 语调向市场传递具有价值的信息吗?

为了解决第一个问题，本章先以 2012~2018 年中国 A 股上市公司为样本，考察了公司披露信息的文本语调对公司价值的影响。我们选择年度报告中包含最丰富情感词的 MD&A 部分作为文本样本，基于第 3 章对 MD&A 呈现的文本语调进行量化。为了检验 MD&A 语调的信息含量，我们将 ROA 作为公司业绩的代理变量，对其与管理层语调和其他控制变量进行回归分析。结果发现 MD&A 语调与公司未来业绩显著正相关。

为了解决第二个问题，基于代理理论，管理者普遍具有通过炒作信息获取个人利益的动机。如果管理者夸大了文本语调，那么文本语调的信息内容就不那么有价值了，文本语调与公司未来业绩之间的正相关关系会被削弱。因此，为了进一步检验高管面临“利益冲突”时，是否会削弱管理层语调中包含的公司未来业绩的信息含量，我们从如下三个方面进行验证：①高管货币薪酬激励能否增加管理层语调中的信息含量。②高管股权激励的“兑现时间”是否影响管理层语调操纵的动机。③ CEO 面临变更压力时，管理层语调是否还能展现公司未来业绩的真实信息。研究发现，对于货币薪酬激励较小、股权激励处于锁定期、公司 CEO 发生离职的公司，其呈现的管理层语调中公司未来业绩的信息含量较少。

本章的研究有助于推动文本语调研究的进展。尽管已有大量的文本语调分析研究表明，会计文本语调包含增量信息（Demers & Vega，2011；Loughran & McDonald，2011；Davis et al.，2012；Price et al.，2012）。相较于国外，中国近些年也围绕会计文本语调信息展开了相关的研究（谢德仁和林乐，2015；林乐和谢德仁，2016，2017；曾庆生等，2018；甘丽凝等，2019；马黎珺等，2019；孟庆斌等，2019；Ji et al.，2018；Yan et al.，2019；Wu et al.，2020）。本章在上述研究基础上，证明了高管利益冲突对中国会计文本语调信息价值的影响，我们发现，当高管面临“利益冲突时”，高管倾向于通过会计文本语调管理手段，获取个人利益，使得会计文本语调的信息传递作用失效，损害了市场信息透明度。同时，文章也为信息披露对企业经营发展的影响效应研究提供了一个新的视角：以往的研究强调了财务数据，如规模经济和公司盈利能力对公司价值的影响（Fields et al.，2001；Healy & Palepu，2001；Durnev & Kim，2005；Beyer et al.，2010）。与以往讨论年报财务指标的影响研究相比，我们发现 MD&A 语调与公司未来业绩显著正相关，MD&A 语调在公司未来业绩中具有有效的解释作用。

本章的结构如下：4.2 对已有文献进行梳理总结，并阐述本章的研究假设；4.3 详细介绍本章的研究设计；4.4 对本章的研究假设进行实证分析；4.5 对研究结论进行稳健性检验；4.6 进行进一步的分析与讨论；4.7 是本章小结。

4.2 研究假设

公司年报作为上市公司信息披露中最重要的组成部分，是公司向市场传递信息的有效渠道。其中的财务信息代表了公司过去的经营状况，有经验的投资者可以通过综合分析各项财务指标，并结合市场其他信息预判该公司未来的发展前景，从而选择相应的投资方案。但是，对于不具备专业财务分析能力的中小投资者，他们通过财务数字获取有价值信息的难度较大。这一情况下，年报中带有情感倾向的文字信息则显得尤为重要。

年报中所呈现的文本语调向市场提供了用以评估企业未来业绩及现金流相关风险的有效增量信息（Loughran & McDonald，2011）。在中国资本市场，公司业绩说明会中呈现的管理层语调代表了管理层对公司未来业绩水平的预期，管理层语调越积极，公司未来业绩越高。相反则表示管理层对公司未来业绩预期较低（谢德仁等，2015）。MD&A 作为公司年报中财务数据的定性补充，是公司年报中语言色彩最浓郁的部分，生动地向外界展示了公司管理层对于公司过去经营状况的分析总结以及对公司未来发展前景的展望（Li，2010b）。因此，我们认为，MD&A 部分呈现的管理层语调包含了公司未来业绩的增量信息，管理层语调越积极，代表高管对公司未来业绩预期越乐观。基于上述讨论，我们提出如下假设：

假设 4-1：MD&A 语调包含了关于公司未来业绩的增量信息。MD&A 语调越积极，公司未来业绩越高。

已有研究表明，高管的薪酬和职业发展通常与其任期内公司经营业绩密切相关（Healy，1985）。因此，从机会主义行为观来看，公司高管具有通过“会计操纵”进行盈余管理从而获取个人利益最大化的动机。

虽然近年来监管部门对公司 MD&A 部分信息披露的要求不断提高，但是仍未出台明确、具体的要求和规范，MD&A 本质上仍属于自愿性信息披露，这就为公司策略性地披露信息提供了可操作空间（Ball，2009；Kim et al.，2011；Xu et al.，2014）。如使用复杂的词语或语句降低信息的可读性（Li，2008；Lo et al.，2017）、夸大好的信息或掩盖坏的信息（Huang et al.，2014b；Arslan-Ayaydin et al.，2016；曾庆生等，2018）等。因此，当管理层出于个人目的，策略性地披露公司经营状况和未来发展预期的信息时，该信息的价值将被严重削弱。

为了进一步检验高管面临“利益冲突”时，是否会削弱管理层语调中包含的公司未来业绩的信息含量，我们从如下三个方面进行验证：①高管货币薪酬激励能否增加管理层语调中的信息含量。②高管股权激励的“兑现时间”是否影响管理层语调操纵的动机。③ CEO 面临变更压力时，管理层语调是否还能展现关于公司未来业绩的真实信息。

4.2.1　高管货币薪酬激励

委托—代理理论认为，企业所有权与经营权分离的背景下，追求个人利益最大化的公司管理层具有机会主义行为动机。为了缓解股东与管理层之间的代理冲突，高管的薪酬契约已成为重要的激励约束机制，有效的薪酬契约机制能够激励公司高管实现股东利益最大化（Murffy，1999；Core et al.，1999）。上市公司高管薪酬结构一般包括货币薪酬和股权期权激励两部分（Jarque & Muth，2013）。因此，我们分别讨论货币薪酬和股权激励对管理层文本语调与公司未来业绩的影响。

货币薪酬激励被认为可以有效缓解经理人机会主义行为（Healy，1984；Murffy，1999；Core et al.，1999）。随着人们对“天价薪酬”的反对声越来越高，持有高薪酬合同的高管面临严峻的社会压力。此外，操纵性的信息一旦在后期被投资者识别，高管的声誉会严重受损（Rogers et al.，2011；Davis et al.，2015）。因此，在社会关注和声誉受损风险的压力下，高薪酬获得者更倾向于披露可信的信息（Baker & Mueller，2002）。由此，我们推断，当公司高管持有较高的货币薪酬时，其所呈现的管理层语调更具有信息价值，管理层语调与公司未来业绩之间的相关性越强。另外，根据管理层权力理论，董事会无法完全控制高管薪酬契约设计，公司高管有能力使用自己的权力对其薪酬契约进行干涉（权小峰等，2010）。那么，持有低薪酬合约的公司高管，为了获取更高的货币薪酬，很可能通过修饰语调的方式“放大”成就、“缩小”错误。因此，我们推断，低薪酬持有者会通过语调操纵获取更高的货币薪酬，管理层语调的信息含量降低。基于上述讨论，我们提出如下假设：

假设 4-2：上市公司高管货币薪酬水平越高，越倾向于披露有价值的MD&A 语调信息，公司未来业绩水平越高。

4.2.2 CEO 变更压力

业绩相关理论认为，所有权人对经理人的评价主要是以公司业绩作为评价标准。因此，高管的薪酬和职业发展通常与其任期内公司经营业绩密切相关，任期内如果出现公司业绩不佳的现象，公司高管则面临被解雇的风险（Hermalin & Weisbach，1998）。进一步，面临解雇风险的高管为了保全职位则更加倾向于进行盈余管理（Defond & Park，1997）。另外，已有研究表明，在 CEO 离职前夕，无论 CEO 是被强制离职还是自愿离职，如果当年企业市场表现较差，该 CEO 都会选择正向盈余管理（Hazarika et al.，2012）。因此，无论是出于职位保全、获取更好的职业发展还是“华丽”退休等目的，将要离职的 CEO 都具有盈余管理动机。年报作为公司向利益相关者汇报公司运营情况的重要披露信息，CEO 很有可能选择操纵该部分的文本语调进行盈余管理。因此，我们认为，当 CEO 面临离职压力时，管理层文本语调的可信度降低，管理层文本语调与公司未来业绩的相关性被削弱。基于上述讨论，我们提出如下假设：

假设 4-3：CEO 离职前夕，MD&A 语调对公司未来价值的正向影响减弱。

4.2.3　股权激励锁定期

股权激励作为改善公司治理水平的另一种手段，常用于缓解股东与高管之间的委托代理问题（Jarque & Muth，2013）。但是当股权激励提高了公司高管薪酬不确定时，高管可能通过盈余管理操纵利益（Cheng & Warfield，2005）。期权比重越高的公司，越可能存在盈余管理现象（Burns & Kedia，2006；Efendi et al.，2007）。已有研究表明，公司业绩水平会在高管行权后显著下降，这一现象表明，管理层为了满足股权激励的行权条件，倾向于通过盈余管理“虚增”公司业绩（苏冬蔚和林大庞，2010）。也就是说，处于股权激励锁定期的公司，公司高管的盈余管理动机更为强烈（张倩倩等，2017）。同时，语调操纵作为盈余管理的一种补充方式（Huang et al.，2014b），具有隐蔽、不可监控、可操作性强等特点。因此，我们认为，当公司处于股权激励锁定期时，公司管理层存在通过修饰管理层文本语调满足行权条件的动机，导致管理层文本语调的信息含量降低，语调与公司未来业绩之间的相关关系减弱。基于上述讨论，我们提出如下假设：

假设 4-4：当上市公司处于股权激励锁定期时，MD&A 语调与公司未来业绩水平的正向关系减弱。

4.3 研究设计

4.3.1 样本选择与数据来源

为了研究年报管理层语调对股价崩盘风险的影响，本章的初始样本涵盖了 2012~2018 年上海证券交易所 A 股市场上市的所有非 ST 公司。由于我们根据当年的文本语调解释下一年的公司业绩，因此解释变量的样本区间为 2012~2017 年，被解释变量的样本区间为 2013~2018 年。剔除了金融业企业以及主要变量缺失的样本。为了排除极端值对研究结果的影响，对所有连续变量进行了前后 1% 水平的缩尾处理。行业划分依据为证券会行业分类指导标准，由于制造行业占总样本比例过高，按其二级行业进行分类，其他行业则全部按照其大类进行分类。共计 20 个行业。

4.3.2 变量选取

我们参考 Li（2010b），Loughran & McDonald（2011，2014），Bochkay & Levine（2019），使用年报中 MD&A 的文本语调作为解释变量，具体的获取和量化方法已在第 3 章进行了详细的说明。在被解释变量的选择上，我们使用总资产净利润率（ROA_t）作为企业绩效的代理变量。总资产净利润率可以直接反映上市公司为其股东创造的价值，因此是衡量上市公司绩效最重要的指标之一。

关于调节变量，我们先分别使用高管第一名薪酬占高管薪酬总额比例（$Salary1_t$）、高管前三名薪酬总额占高管薪酬总额比例（$Salary2_t$）衡量公司高管的货币薪酬激励程度。进一步，借鉴张倩倩等（2017）的研究，构建股权激励锁定期代理变量：*EI*。如果公司在年报公布当年处于股权激励计划行权锁定期，EI_{t+1} 取值为 1；如果公司未处于股权激励计划行权锁定期，EI_{t+1} 取值为 0。参考张倩倩等（2017），使用 CEO 离任（$TurnoverCEO_{t+1}$）作为高管离职压力的代理变量，如果公司在年报公布当年 CEO 发生了离职或退休情况，$TurnoverCEO_{t+1}$ 取值为 1；如果公司当年 CEO 未发生离职或退休情况，$TurnoverCEO_{t+1}$ 取值为 0。

最后，本章参考 Davis et al.（2012）、谢德仁和林乐（2015），选取公司规模（$Size_t$）、公司杠杆率（$Leverage_t$）、市账比（MB_t）、公司业绩及其变动（ROA_t、$DROA_t$）与公司上市年限（Age_t）等可能影响公司业绩的控制变量。上述所有变量的详细描述如附录 C 所示。

4.3.3　模型建立

如上文所述，本章的假设主要分为两个问题：①验证管理层语调是否包含关于公司未来业绩水平的增量信息。②当管理层面临利益冲突时对文本语调信息含量的影响。针对第一个问题，借鉴 Tetlock et al.（2008）、Davis et al.（2012）、谢德仁和林乐（2015）等的研究，构建了如下模型验证假设 4–1：

$$ROA_{i,\ t+1} = \alpha_0 + \alpha_1 \times MD\&A\_Tone_{i,\ t} + \gamma \times Controls_{i,\ t} + \sum Industry + \sum Year + \varepsilon_{i,\ t} \tag{4–1}$$

式（4–1）中，因变量为下一年的公司业绩（ROA_{t+1}），自变量为当年的管理层语调（$MD\&A\_Tone_t$）。若管理层语调 $MD\&A\_Tone_t$ 的系数显著为正，代表本章的假设 4–1 得到了验证。$Controls_{i,\ t}$ 代表本年度可能影响公司未来经营业绩的控制变量，包括当年的公司规模（$Size_t$）、公司杠杆率（$Leverage_t$）、市账比（MB_t）、公司业绩及其变动（ROA_t、$DROA_t$）与公司上市年限（Age_t）。同时，为了消除宏观经济状况对研究结果的影响，本章还控制了年度（*Year*）与公司所属行业（*Industry*）。

针对后一个问题，我们参考张倩倩等（2017），选择从管理层货币薪酬、股权激励锁定期、高管变更压力三个维度研究高管利益冲突对文本语调信息披露的影响，并通过分组检验的方法分别验证本章的假设 4–2、假设 4–3 和假设 4–4。

4.4 实证结果分析

4.4.1 描述性统计分析

表 4–1 列示了总样本的描述性统计结果。包括公司业绩（ROA_{t+1}）、管理层语调（$MD\&A\_Tone_t$）、高管货币薪酬激励（$Salary1_t$、$Salary2_t$）、股权激励锁定期（EI_{t+1}）、高管离任（$TurnoverCEO_{t+1}$）和控制变量的汇总统计。我们分别对所有变量的平均值、中位数、标准差和峰值进行计算。

从全样本来看，公司业绩（*ROA*）的均值和标准差分别为 0.0264 和 0.0704。管理层语调（$MD\&A\_Tone_t$）的均值和标准差分别为 3.7630 和 2.7200，最小值、中位数和最大值分别为 0.0000、3.2370 和 14.1997，A 股上市公司高管对公司普遍持乐观态度。高管薪酬第一名比例（$Salary1_t$）的均值和标准差分别为 17.2596 和 7.2113，最小值、中位数和最大值分别为 4.8000、15.6500 和 86.8300。高管薪酬前三名比例（$Salary2_t$）的均值和标准差分别为 42.2020 和 12.2434，最小值、中位数和最大值分别为 11.6000、40.3300 和 100.0000。以上结果表明，高管薪资比例分配向少数高管倾斜。股权激励锁定期（*EI*）的均值为 0.0699，A 股中处于股权行权等待期的上市公司并不多。高管离任（$TurnoverCEO_{t+1}$）的均值为 0.2124，这说明 CEO 离任比较普遍。

对于控制变量，公司规模（$Size_t$）的均值为 22.1626，中位数为 22.0197。负债率（$Leverage_t$）的均值和中位数分别为 0.4489 和 0.4439。市账比（*MB*）的均值 2.2417，中位数为 1.5863。当年 ROA_t 的均值为 0.0318，中位数为 0.0308。$DROA_t$ 的均值为 0.0016，中位数为 –0.0018。公司上市时长（Age_t）

的均值和中位数分别为 13.0319 和 14.0000。

表 4-1　描述性统计分析

Variable	N	Mean	S.D.	Min	P25	P50	P75	Max
ROA_{t+1}	9531	0.0264	0.0704	−0.3607	0.0097	0.0293	0.1552	0.1838
$MD\&A\_Tone_t$	9538	3.7630	2.7200	0.0000	1.9525	3.2370	4.9542	14.1997
$Size_t$	9523	22.1626	1.3147	19.4357	21.2243	22.0197	22.9833	25.8231
$Leverage_t$	9523	0.4489	0.2213	0.0477	0.2704	0.4439	0.6172	0.9668
MB_t	9121	2.2417	2.2040	0.1945	0.8600	1.5863	2.7939	13.3713
ROA_t	9528	0.0318	0.0567	−0.2279	0.0106	0.0308	0.0588	0.1881
$DROA_t$	9412	0.0016	1.2373	−48.097	−0.0177	−0.0018	0.0100	108.5838
Age_t	9538	13.0319	6.8637	−1.0000	6.0000	14.0000	19.0000	28.0000
$Salalry1_t$	9519	17.2596	7.2113	4.8000	12.4700	15.6500	20.1600	86.8300
$Salalry2_t$	9519	42.2020	12.2434	11.6000	33.5500	40.3300	49.0500	100.0000
EI_{t+1}	9538	0.0699	0.2557	0.0000	0.0000	0.0000	0.0000	1.0000
$TurnoverCEO_{t+1}$	9538	0.2124	0.4090	0.0000	0.0000	0.0000	0.0000	1.0000

资料来源：通过 Stata 计算整理。

表 4-2 报告了各变量之间的相关系数。如表 4-2 所示，$MD\&A\_Tone_t$ 与 ROA_{t+1} 显著正相关，管理层语调越积极，股票价格崩盘风险越高，初步验证了假设 4-1。$Salary1_t$、$Salary2_t$ 与 $MD\&A\_Tone_t$ 显著负相关，公司高管薪酬水平越高，管理层语调越不积极，一定程度上证实了假设 4-2。哑变量 EI_{t+1}、$TurnoverCEO_{t+1}$ 与 $MD\&A\_Tone_t$ 呈现显著的相关关系。大多数控制变量均与公司未来经营业绩显著相关，进一步说明了模型设定中加入这些控制变量的必要性。

4.4.2　MD&A 语调的信息含量

为了检验 MD&A 语调是否含有关于公司未来业绩的增量信息，我们对模型（4-1）进行了回归分析，实证结果如表 4-3 所示。其中，表 4-3 列（1）列示了不包含控制变量的情况下，MD&A 语调（$MD\&A\_Tone_t$）与公司未来业绩（*ROA*）的回归结果，结果显示，$MD\&A\_Tone_t$ 与 *ROA* 在 1% 的水平上显著

表 4-2 相关系数矩阵

	ROA_{t+1}	$MD\&A\_Tone_t$	$Size_t$	$Leveraget$	MB_t	ROA_t	$DROA_t$	Age_t	$Salalry1_t$	$Salalry2_t$	EI_{t+1}	$TurnoverCEO_{t+1}$
ROA_{t+1}	1											
$MD\&A\_Tone_t$	0.076^{***}	1										
$Size_t$	0.030^{***}	0.036^{***}	1									
$Leveraget$	-0.225^{***}	-0.150^{***}	0.443^{***}	1								
MB_t	0.094^{***}	0.026^{**}	-0.556^{***}	-0.350^{***}	1							
ROA_t	0.446^{***}	0.144^{***}	0.038^{***}	-0.387^{***}	0.098^{***}	1						
$DROA_t$	0.012	−0.004	−0.009	-0.033^{***}	0.022^{**}	0.093^{***}	1					
Age_t	-0.095^{***}	-0.223^{***}	0.316^{***}	0.406^{***}	-0.139^{***}	-0.162^{***}	0.010	1				
$Salalry1_t$	0.025^{**}	-0.060^{***}	-0.185^{***}	-0.063^{***}	0.165^{***}	0.040^{***}	−0.003	0.046^{***}	1			
$Salalry2_t$	0.032^{***}	-0.071^{***}	-0.237^{***}	-0.090^{***}	0.202^{***}	0.043^{***}	0.000	0.065^{***}	0.895^{***}	1		
EI_{t+1}	0.083^{***}	0.104^{***}	-0.040^{***}	-0.102^{***}	0.058^{***}	0.081^{***}	−0.001	0.157^{***}	0.017	0.018^{*}	1	
$TurnoverCEO_{t+1}$	-0.112^{***}	-0.061^{***}	0.023^{**}	0.089^{***}	0.001	-0.111^{***}	0.005	0.084^{***}	0.015	0.0150	-0.028^{***}	1

注：*、** 和 *** 分别表示变量在 10%、5% 和 1% 的水平上显著。

资料来源：通过 Stata 计算整理。

正相关。为验证表 4–3 列（1）的可信性，进一步加入行业和年份的虚拟变量，结果如表 4–3 中列（2）所示，$MD\&A\_Tone_t$ 依旧在 1% 的水平上显著为正。参考前人的研究，在表 4–3 列（3）中加入可能影响公司未来业绩的控制变量，$MD\&A\_Tone_t$ 系数的绝对值降低但依旧在 1% 的水平上显著为正，且模型的 R-squared 显著增加。为避免异方差影响估计值的标注误差，我们使用稳健标准误重新估计模型（4–1），$MD\&A\_Tone_t$ 的系数如表 4–3 列（4）所示并未发生明显改变。最后，由于各公司之间存在差异，本小节加入聚群标准误以获取更加合理的估计值，结果如表 4–3 列（5）所示，$MD\&A\_Tone_t$ 的系数依旧在 1% 的水平上显著为正。

如上所述，与假设 4–1 预期一致，在控制了当年的公司规模（$Size_t$）、公司杠杆率（$Leverage_t$）、市账比（MB_t）、公司业绩及其变动（ROA_t、$DROA_t$）、公司上市年限（Age_t）、年份（*Year*）、公司所属行业（*Industry*），并控制稳健和聚群标准误（Clustered Standard Error）后，管理层语调与公司未来业绩之间的负相关关系依旧显著，如表 4–3 列（5）所示，MD&A 语调越积极，公司未来业绩越高。这一结论与谢德仁等（2015）的结论相类似，管理层语调代表了管理层对公司未来业绩水平的预期，管理层语调越积极，公司未来业绩越高。假设 4–1 得到了验证。

根据表 4–3 的结果可知，控制变量的系数与预期相一致。具体而言，公司规模（$Size_t$）与公司未来业绩（ROA_{t+1}）显著正相关，说明规模较大的公司未来获取高业绩的可能性更大。杠杆率较高的企业提高业绩的压力也越大。公司市值账面比越高，公司未来业绩水平越高，说明成长型公司获取利润能力更强。我们还发现，公司未来业绩与公司过去的盈利水平（ROA_t）显著正相关，但与公司过去业绩变化（$DROA_t$）显著负相关。公司过去的业绩水平一定程度上反映了公司的盈利能力，但是当公司过去业绩增长较快时，公司未来业绩进一步增长空间较小。

表 4-3　MD&A 语调与公司未来业绩

	(1)	(2)	(3)	(4)	(5)
$MD\&A\_Tone_t$	0.0020*** (7.485)	0.0023*** (8.603)	0.0007*** (2.588)	0.0007*** (2.763)	0.0007*** (2.755)
$Size_t$			0.0061*** (8.382)	0.0061*** (7.968)	0.0061*** (7.444)
$Leverage_t$			-0.0305*** (-7.637)	-0.0305*** (-5.511)	-0.0305*** (-5.875)
MB_t			0.0028*** (7.168)	0.0028*** (4.576)	0.0028*** (5.217)
ROA_t			0.4860*** (36.198)	0.4860*** (19.123)	0.4860*** (20.075)
$DROA_t$			-0.0015*** (-3.021)	-0.0015* (-1.917)	-0.0015* (-1.915)
Age_t			0.0000 (0.117)	0.0000 (0.108)	0.0000 (0.104)
Year	N	Y	Y	Y	Y
Industry	N	Y	Y	Y	Y
Robust	N	N	N	Y	Y
Cluster	N	N	N	N	Y
Constant	0.0189*** (15.407)	0.0145** (2.495)	-0.1161*** (-7.239)	-0.1161*** (-6.844)	-0.1161*** (-6.593)
Observations	9531	9531	9023	9023	9023
R-squared	0.006	0.041	0.230	0.230	0.230

注：括号内为 T 值；*、** 和 *** 分别表示变量在 10%、5% 和 1% 的水平上显著；Y 表示已控制、N 表示未控制。余表同。

4.4.3　高管利益冲突对管理层语调信息含量的影响

前文已经证实了即使控制了可能影响公司未来业绩水平的控制变量，年报中 MD&A 语调与公司未来业绩依旧显著相关。管理层语调代表了管理层对公司未来业绩水平的预判，管理层语调越积极，公司未来业绩越高，管理层语调包含了公司未来业绩的增量信息。那么当公司高管面临利益冲突时，是否会影响 MD&A 语调中的信息价值呢？在本部分，我们根据假设 4-2~ 假设 4–4，分别从高管货币薪酬激励、CEO 离职压力和高管股权激励锁定期三个方面验证高管利益冲突对 MD&A 语调信息含量的影响。

4.4.3.1　高管货币薪酬激励的调节作用

为了检验假设 4–2，我们分别基于高管第一名薪酬占比（$Salary1_t$）与高管前三名薪酬占比（$Salary2_t$）的中值对研究样本进行了分组，并对模型（4–1）重新进行回归分析，结果如表 4–4 所示。

表 4–4　高管货币薪酬的调节效应

	（1） $Salary1_t$ 低	（2） $Salary1_t$ 高	（3） $Salary2_t$ 低	（4） $Salary2_t$ 高
$MD\&A\_Tone_t$	0.0002 （0.628）	0.0010*** （2.744）	0.0003 （0.964）	0.0008** （2.317）
$Size_t$	0.0067*** （6.462）	0.0056*** （4.477）	0.0065*** （6.124）	0.0063*** （4.929）
$Leverage_t$	–0.0356*** （–4.962）	–0.0238*** （–3.059）	–0.0364*** （–5.131）	–0.0235*** （–3.235）
MB_t	0.0046*** （5.951）	0.0018** （2.419）	0.0048*** （5.833）	0.0019*** （2.758）
ROA_t	0.5084*** （13.234）	0.4818*** （13.914）	0.5167*** （13.209）	0.4676*** （12.991）
$DROA_t$	–0.0321 （–1.422）	–0.0013* （–1.764）	–0.0275 （–1.114）	–0.0013* （–1.747）
Age_t	0.0000 （0.081）	0.0000 （0.134）	0.0001 （0.483）	–0.0001 （–0.355）
Year	Y	Y	Y	Y
Industry	Y	Y	Y	Y
Robust	Y	Y	Y	Y
Cluster	Y	Y	Y	Y
Constant	–0.1412*** （–6.351）	–0.0904*** （–3.374）	–0.1289*** （–5.709）	–0.1141*** （–4.105）
Observations	4563	4460	4562	4461
R-squared	0.271	0.213	0.279	0.203

我们发现，当高管第一名薪酬占比（$Salary1_t$）或高管前三名薪酬占比（$Salary2_t$）较高时，MD&A 语调与公司未来业绩显著正相关，如表 4–4 列（2）和列（4）所示。也就是说，当高管持有较高的货币薪酬时，MD&A 语调依旧包含公司未来业绩的增量信息。这一结论与 Baker & Mueller（2002）类似，高薪酬获得者更倾向于披露可信的信息。当高管第一名薪酬占比（$Salary1_t$）或高管前三名薪酬占比（$Salary2_t$）较低时，MD&A 语调与公司未来业绩之间的相关关系不再显著，如表 4–4 列（1）和列（3）所示。这说明，当职位较高的高管持有的薪酬占比较低时，为了获取更多的货币薪酬，会产生语调管理行为。这一结论与权小峰等（2010）的研究结论相类似，持有低薪酬合约的公司高管，会通过机会主义行为干涉其薪酬契约。

如上所述，较高的薪酬占比会提高 MD&A 语调中公司未来业绩的信息价值，较低的薪酬占比则会显著削弱管理层语调与公司未来业绩水平的相关性，假设 4–2 得到验证。正向的货币薪酬激励会促进公司管理者在披露信息时使用更加富有增量信息价值的会计文本语调。

4.4.3.2 CEO 离职的调节作用

为了检验假设 4–3，我们将研究样本划分为发生 CEO 离职组（$TurnoverCEO_{t+1}$=1）和未发生 CEO 离职组（$TurnoverCEO_{t+1}$=0），并对模型（4–1）重新进行回归分析，结果如表 4–5 所示。

表 4–5 CEO 离职的调节效应

	（1） CEO 离职	（2） CEO 未离职
$MD\&A\_Tone_t$	−0.0000 （−0.005）	0.0007*** （2.887）
$Size_t$	0.0047** （2.313）	0.0067*** （7.808）
$Leverage_t$	−0.0193 （−1.482）	−0.0340*** （−6.207）

续表

	(1) CEO 离职	(2) CEO 未离职
MB_t	0.0011 (0.749)	0.0034*** (5.992)
ROA_t	0.4720*** (8.187)	0.4920*** (18.988)
$DROA_t$	−0.0043*** (−5.579)	−0.0011*** (−2.873)
Age_t	−0.0001 (−0.256)	0.0001 (0.522)
Year	Y	Y
Industry	Y	Y
Robust	Y	Y
Cluster	Y	Y
Constant	−0.0969** (−2.120)	−0.1256*** (−6.945)
Observations	1793	7230
R-squared	0.205	0.244

我们发现，当公司当年未发生 CEO 离职时，MD&A 语调与公司未来业绩在 1% 的水平上显著正相关，MD&A 语调越积极，公司未来业绩水平越高，如表 4–5 列（2）所示。但是，当公司发布年报当年发生 CEO 离职时，MD&A 语调与公司未来业绩无显著关联，如表 4–5 列（1）所示。这一结果表明，CEO 离职前面临的压力降低了 MD&A 语调中关于公司业绩水平的有效信息，管理层语调“信号传递”机制失败。

如上所述，有离职压力的 CEO 所在上市公司年报中呈现的管理层语调信息含量低于没有离职压力的 CEO 所在公司。与 Hazarika et al.（2012）的结论相似，在 CEO 离职前夕，无论 CEO 是被强制离职还是自愿离职，该 CEO 都会选择盈余管理。管理层语调作为一种重要的软信息公司披露方式，CEO 离职前面临的压力会增加管理层通过修饰管理层语调“美化”已有功绩，降低了管理层语调中的真实信息含量，削弱管理层语调与公司未来业绩之间的相关性，假设 4–3 得到验证。

4.4.3.3 高管股权激励锁定期的调节作用

为了检验假设 4–4，我们将已有研究样本划分为处于股权激励锁定期（EI_{t+1}=1）和股权激励解禁期（EI_{t+1}=1）两部分，对模型（4–1）进行分组检验分析，结果如表 4–6 所示。

我们发现，当公司处于非股权激励锁定期时，MD&A 语调与公司未来业绩在 5% 的水平上显著正相关，MD&A 语调包含了管理层对公司未来业绩的增量信息，MD&A 语调越积极，公司未来业绩水平越高。当公司处于股权激励锁定期时，MD&A 语调与公司未来业绩之间未发现显著相关关系，MD&A 语调并未包含关于公司未来业绩的增量信息。

以上结果表明，当上市公司处于股权激励锁定期时，MD&A 语调与公司未来业绩之间的正相关关系减弱。也就是说，处于股权激励锁定期的上市公司，公司管理层通过文本语调进行盈余管理动机更强，MD&A 中隐藏不利信息、夸大有利信息的可能性越高，降低管理层讨论与分析呈现的语调有效信息含量降低，MD&A 语调与公司未来业绩之间的关联减弱。这一结论与苏冬蔚和林大庞（2010）、张倩倩等（2017）的研究结论相似，当管理层面临激励不确定性时，管理层会通过盈余管理手段满足股权激励的行权条件。假设 4–4 得到验证。

表 4–6 高管股权激励锁定期的调节效应

	（1） 股权激励锁定期	（2） 非股权激励锁定期
$MD\&A\_Tone_t$	0.0003 （0.557）	0.0007** （2.562）
$Size_t$	0.0006 （0.228）	0.0062*** （7.234）
$Leverage_t$	0.0242 （1.402）	–0.0315*** （–5.882）

续表

	(1) 股权激励锁定期	(2) 非股权激励锁定期
MB_t	0.0053*** (3.216)	0.0027*** (4.707)
ROA_t	0.5902*** (8.454)	0.4818*** (19.312)
$DROA_t$	-0.1987*** (-3.787)	-0.0015* (-1.883)
Age_t	-0.0001 (-0.109)	0.0001 (0.706)
Year	Y	Y
Industry	Y	Y
Robust	Y	Y
Cluster	Y	Y
Constant	0.0039 (0.073)	-0.1193*** (-6.460)
Observations	621	8396
R-squared	0.299	0.226

4.5 稳健性检验

4.5.1 更换因变量

为了证明本章结论的稳健性，我们选择使用其他业绩指标作为因变量的代理变量，重新估计模型（4-1），验证上述结论的稳健性。前文我们使用了总资产报酬率作为公司业绩的代理变量，衡量公司使用总资产获取收益的能力。在本部分，我们参考谢德仁和林乐（2015），选择使用净资产收益率衡量上市公司业绩水平，重新验证假设 4-1~ 假设 4-4 的可信性。研究结果如

表 4–7 所示，管理层语调与公司未来业绩之间依旧在 1% 的水平上显著正相关，如表 4–7 中列（1）所示；高管薪酬占比越高，管理层语调与公司未来业绩之间的相关关系越显著，如表 4–7 中列（2）~ 列（5）所示；CEO 离职压力会显著削弱管理层语调中包含的公司未来业绩信息含量，如表 4–7 中列（6）~ 列（7）所示；公司高管为了获取股权激励行权条件，存在使用管理层语调管理进行盈余管理的情况，如表 4–7 中列（8）~ 列（9）所示。假设 4–1~ 假设 4–4 再次得到验证。

4.5.2 更换自变量

前文在获取管理层会计文本语调时，使用年报中 MD&A 作为文本情感分析的样本。实际上，MD&A 主要包含管理层关于公司过去经营状况的讨论和未来发展与展望两部分。因此，在模型（4–1）中，控制变量与管理层关于公司过去经营状况的讨论可能存在重复现象。而且，由于我们本章的研究目的是讨论会计文本语调中是否包含公司未来业绩水平的增量信息，我们选取 MD&A 中管理层关于公司未来发展与展望部分作为新的研究样本，重新量化管理层文本语调（*FLS_Tone*）并重新估计管理层语调与公司未来业绩之间的关系，结果如表 4–8 所示。

如表 4–8 中列（1）所示，MD&A 中公司未来发展与展望部分呈现的文本语调与公司未来业绩在 5% 显著性水平上显著。上市公司前几名高管薪酬占比越高，未来发展与展望的语调包含的公司未来业绩信息含量越高，如表 4–8 中列（2）~ 列（5）所示。发生高管离职或处于股权激励锁定期的上市公司当年发布的会计文本语调信息含量较低，如表 4–8 中列（6）~ 列（9）所示。假设 4–1~ 假设 4–4 再次得到证实。

表 4-7 更换因变量

	(1) 主效应	(2) $Salary1_t$ 低	(3) $Salary1_t$ 高	(4) $Salary2_t$ 低	(5) $Salary2_t$ 高	(6) CEO 变更	(7) CEO 未变更	(8) 锁定期	(9) 非锁定期
$MD\&A\_Tone_t$	0.0019*** (2.864)	0.0009 (1.103)	0.0024** (2.402)	0.0009 (1.088)	0.0023** (2.371)	0.0020 (0.910)	0.0017** (2.570)	0.0013 (1.024)	0.0019*** (2.709)
$Size_t$	0.0172*** (7.079)	0.0185*** (5.599)	0.0161*** (4.470)	0.0182*** (5.358)	0.0182*** (5.005)	0.0160*** (2.727)	0.0180*** (6.902)	0.0004 (0.053)	0.0175*** (6.894)
$Leverage_t$	-0.0500*** (-2.807)	-0.0661** (-2.451)	-0.0253 (-1.030)	-0.0565** (-2.269)	-0.0358 (-1.483)	-0.0367 (-0.809)	-0.0547*** (-2.832)	0.1597*** (3.839)	-0.0571*** (-3.093)
MB_t	0.0044*** (3.356)	0.0070*** (2.964)	0.0028 (1.581)	0.0094*** (5.245)	0.0024 (1.450)	0.0037 (0.942)	0.0047*** (3.034)	0.0101*** (2.609)	0.0041*** (3.019)
ROA_t	0.8170*** (11.681)	0.9146*** (9.071)	0.8261*** (9.152)	0.9190*** (9.267)	0.7969*** (8.464)	0.7023*** (4.210)	0.8599*** (12.125)	0.9240*** (6.224)	0.8108*** (11.126)
$DROA_t$	-0.0028 (-1.458)	-0.1598*** (-3.372)	-0.0019 (-1.323)	-0.1563*** (-3.109)	-0.0019 (-1.243)	-0.0086*** (-3.225)	-0.0018* (-1.870)	-0.2942*** (-2.877)	-0.0028 (-1.439)
Age_t	-0.0003 (-0.824)	-0.0004 (-1.009)	-0.0002 (-0.301)	-0.0004 (-0.790)	-0.0003 (-0.527)	-0.0010 (-1.162)	-0.0001 (-0.152)	-0.0009 (-0.584)	-0.0001 (-0.237)
Year	Y	Y	Y	Y	Y	Y	Y	Y	Y
Industry	Y	Y	Y	Y	Y	Y	Y	Y	Y
Robust	Y	Y	Y	Y	Y	Y	Y	Y	Y
Cluster	Y	Y	Y	Y	Y	Y	Y	Y	Y
Constant	-0.3661*** (-7.022)	-0.4246*** (-5.990)	-0.3089*** (-4.077)	-0.4005*** (-5.805)	-0.3781*** (-4.838)	-0.3676*** (-2.735)	-0.3768*** (-7.062)	-0.0248 (-0.162)	-0.3728*** (-6.844)
Observations	8971	4532	4439	4530	4441	1774	7197	621	8344
R-squared	0.100	0.122	0.102	0.124	0.099	0.090	0.111	0.158	0.099

表 4-8 更换自变量

	(1) 主效应	(2) $Salary1_t$ 低	(3) $Salary1_t$ 高	(4) $Salary2_t$ 低	(5) $Salary2_t$ 高	(6) CEO 变更	(7) CEO 未变更	(8) 锁定期	(9) 非锁定期
FLS_Tone_t	0.0008** (2.069)	-0.0002 (-0.376)	0.0016*** (2.794)	0.0001 (0.253)	0.0013** (2.343)	-0.0000 (-0.007)	0.0009** (2.234)	0.0003 (0.290)	0.0008* (1.958)
$Size_t$	0.0063*** (7.503)	0.0068*** (6.380)	0.0057*** (4.591)	0.0066*** (6.015)	0.0064*** (5.029)	0.0049** (2.399)	0.0068*** (7.830)	0.0015 (0.596)	0.0063*** (7.239)
$Leverage_t$	-0.0304*** (-5.832)	-0.0356*** (-4.928)	-0.0237*** (-3.045)	-0.0363*** (-5.080)	-0.0234*** (-3.221)	-0.0191 (-1.460)	-0.0340*** (-6.178)	0.0223 (1.295)	-0.0314*** (-5.841)
MB_t	0.0029*** (5.227)	0.0046*** (5.928)	0.0018** (2.459)	0.0049*** (5.809)	0.0020*** (2.794)	0.0011 (0.777)	0.0035*** (6.004)	0.0053*** (3.210)	0.0027*** (4.710)
ROA_t	0.4867*** (20.035)	0.5091*** (13.125)	0.4831*** (13.973)	0.5178*** (13.116)	0.4687*** (13.033)	0.4685*** (8.078)	0.4938*** (19.003)	0.5871*** (8.418)	0.4825*** (19.277)
$DROA_t$	-0.0016* (-1.915)	-0.0322 (-1.425)	-0.0013* (-1.763)	-0.0277 (-1.120)	-0.0013* (-1.747)	-0.0043*** (-5.584)	-0.0012*** (-2.875)	-0.2030*** (-3.902)	-0.0015* (-1.884)
Age_t	-0.0000 (-0.008)	-0.0000 (-0.024)	0.0000 (0.170)	0.0001 (0.412)	-0.0001 (-0.327)	-0.0001 (-0.192)	0.0001 (0.378)	0.0000 (0.055)	0.0001 (0.588)
Year	Y	Y	Y	Y	Y	Y	Y	Y	Y
Industry	Y	Y	Y	Y	Y	Y	Y	Y	Y
Robust	Y	Y	Y	Y	Y	Y	Y	Y	Y
Cluster	Y	Y	Y	Y	Y	Y	Y	Y	Y
Constant	-0.1188*** (-6.612)	-0.1421*** (-6.201)	-0.0946*** (-3.499)	-0.1296*** (-5.561)	-0.1178*** (-4.213)	-0.1015** (-2.208)	-0.1279*** (-6.934)	-0.0150 (-0.286)	-0.1211*** (-6.427)
Observations	8981	4528	4453	4526	4455	1785	7，196	618	8357
R-squared	0.229	0.269	0.213	0.277	0.203	0.203	0.244	0.302	0.225

4.6 进一步分析

4.6.1 股权集中度

本部分以公司第一大股东持股比例作为股权集中度的代理变量，将第一大股东持股比例低于其中位数的样本划分为低股权集中度组；将第一大股东持股比例高于其中位数的样本划分为高股权集中度组。实证结果如表 4–9 中列（1）和列（2）所示。MD&A 语调与公司未来业绩仅在低股权集中度组显著负相关。这一结果表明，股权集中度越低，公司越不容易受到大股东的控制，管理层披露的信息含量越高，管理层语调与公司未来业绩之间的正相关关系也越显著。

4.6.2 两权分离度

本部分根据董事长与总经理兼任情况对全样本进行进一步分组检验。检验结果如表 4–9 中列（3）和列（4）所示。当公司董事长与总经理是同一人时，MD&A 语调与公司未来业绩水平在 1% 的水平上显著正相关；当公司董事长与总经理不是同一人时，MD&A 语调则不包含公司未来业绩信息。董事长与总经理“两职合一”的结构设置赋予了 CEO 独一的领导地位，降低了高管薪酬与公司业绩之间的敏感性，公司高管更注重公司的长远发展，更加倾向披露关于公司真实的信息，因此 MD&A 语调中的信息含量在增加。

表 4-9 进一步分析

	(1) 股权集中度低	(2) 股权集中度高	(3) 两职合一	(4) 非两职合一
$MD\&A\_Tone_t$	0.0013***	0.0001	0.0017***	0.0003
	(3.208)	(0.209)	(3.284)	(1.102)
$Size_t$	0.0075***	0.0045***	0.0077***	0.0049***
	(4.962)	(5.599)	(3.941)	(5.507)
$Leverage_t$	−0.0340***	−0.0293***	−0.0296**	−0.0265***
	(−4.158)	(−5.161)	(−2.323)	(−4.735)
MB_t	0.0028***	0.0037***	0.0041***	0.0021***
	(3.835)	(6.108)	(4.102)	(3.120)
ROA_t	0.4018***	0.5270***	0.4304***	0.5390***
	(10.876)	(17.536)	(8.060)	(16.008)
$DROA_t$	−0.0013	0.0385	−0.0013*	−0.0500
	(−1.590)	(1.626)	(−1.872)	(−1.573)
Age_t	−0.0000	0.0002	−0.0000	−0.0000
	(−0.020)	(1.319)	(−0.137)	(−0.256)
Year	Y	Y	Y	Y
Industry	Y	Y	Y	Y
Robust	Y	Y	Y	Y
Cluster	Y	Y	Y	Y
Constant	−0.1526***	−0.0801***	−0.1287***	−0.0945***
	(−4.690)	(−4.723)	(−3.132)	(−5.041)
Observations	4466	4557	2326	6658
R-squared	0.180	0.337	0.218	0.250

4.7 小 结

本章以 2012~2018 年中国上市 A 股非金融公司为研究样本，通过测量公司年报中最具情感色彩的 MD&A 部分呈现的管理层语调，验证了管理层语调与公司未来业绩之间的相关性。实证结果显示，管理层语调越积极，公司未来业绩越高。这表明管理层语调包含了管理层对于公司未来发展走向的预判，含有公司未来业绩水平的增量信息。同时，我们发现高管面临的“利益冲突”会影响管理层语调的信息价值。当高管货币薪酬占比较低时，他们倾向于通过修饰会计文本语调以获取更高的薪酬分配比例。当管理层发布公司年报时面临离职压力，无论出于获取继续留任的机会，还是出于美化履历以寻求其他机遇或光荣退休等目的，管理层“修饰”管理层语调的动机显著增强。类似地，为了获取股权激励的行权权力，管理层盈余管理动机显著增强，MD&A 语调中的信息含量显著下降。上述结论均通过了稳健性检验。为了进一步研究 MD&A 语调对公司未来绩效的影响，本章对管理层语调与信用利差这一主效应分别进行了基于股权分离度和两权分离度的分组检验。结果表明：低股权集中度、低两权分离度的公司呈现的会计文本语调中公司未来业绩的增量信息更多，高股权集中度、高两权分离度的公司呈现的会计文本语调的信息含量更少。

第5章 会计文本语调与股票市场反应

5.1 引 言

在第 4 章，我们已经证明了中国公司年报中 MD&A 呈现的文本语调具有信息含量，可以解释公司未来业绩水平，且当公司高管面临利益冲突时，嵌入语调中的信息价值显著降低。那么，在投资者结构以中小投资者为主的中国金融市场，市场投资者是否理解年报中管理层语调传递的信息呢？值得注意的是，股票市场投资者对上市公司会计文本语调的反应，是基于公司相关信息搜集和分析进行的。投资者不参与企业经营，只能通过其他途径直接或间接获取企业信息用以判断企业价值。媒体作为上市公司与投资者间的信息中介，在信息的筛选、分析和传递中起着重要的桥梁作用。根据议程设置理论，媒体报道虽然无法直接决定公众的看法和观点，但可以通过提供信息和调整议题来影响公众对事实和意见的关注次序，间接影响个人的观点和决策（Cohen，1963；Mccombs & Shaw，1972；Zucker，1978；Wanta & Wu，1992）。那么，媒体报道在上市公司年报文本语调披露与股票市场反应之间又扮演着什么角色呢？

基于上述讨论，笔者在本章提出如下几个研究问题：① MD&A 语调能否引起显著的市场反应？②这种反应是否具有时效性？③这种反应是否会受到第三方媒体的影响？

本章使用 2012~2018 年中国上市公司 A 股研究样本，研究公司年报文本语调对上市股票长短期市场反应的影响。使用累积超额收益率（Cumulative Abnormal Return，CAR）测量公司的短期和长期市场表现，选取年报发布日前后各 5 个交易日作为短期事件窗口期，分别选取年报公布日后 30 个、60 个和 90 个交易日作为长期事件窗口期。研究结果发现，MD&A 语调与短期累积超额收益率显著正相关。但当异常收益率的窗口期延长后，公司年报的管理层语调对股票累积超额收益率的影响逐渐减弱直至消失。这一结论意味着，中国资本市场投资者首先会对会计文本语调迅速做出反应，但是随着时间的推移，投资者会逐渐趋于理性，管理层积极语调不再能引起股票市场的异常反应。

随后，我们使用 Python 在百度新闻搜索引擎中利用爬虫算法抓取了关于目标上市公司的新闻报道。我们使用抓取的数据形成了各上市公司的媒体关注度变量，并基于该变量对管理层语调与股票价格异常反应之间的关系进行分组检验。检验结果显示，年报发布前被大众媒体关注越多的公司，其 MD&A 语调对股票累积超额收益率的正向影响越显著。这一结论表明，媒体对企业高频、重复的报道会激发更多的市场关注，越受媒体关注的公司，越能获得显著的市场反应。

本章主要有如下几个方面的贡献：首先，本章扩展了会计文本语调与股票市场反应的相关研究。Arslan-Ayaydin et al.（2015）认为盈余报告中异常语调对股票累积超额收益率的影响只存在于盈余报告发布后两天。但由于中外资本市场的差异，本章的研究证实，中国股票市场对年报管理层语调异常反应的持续时间更长（至少达到 30 天）。林乐和谢德仁（2016）论述了业绩说明会上的管理层语调对累积异常收益率的影响，并认为随着累积超额收益的窗口期变长，市场会对积极的管理层语调做出更为显著的正向反应。但由于业绩说明会作为一种即时性的双向交流方式，管理层并没有足够的反应时间对语调进行修饰，而年报作为一种提前编制的披露方式，更容易被粉饰，以达到公司管理层操纵市场反应的目的（曾庆生等，2018），因此本章得出与林乐和谢德仁（2016）不同的结论，我们发现：中国股票市场会对年报中的会计文本语调做出反应，但这一反应会随着时间减弱直至消失。其次，本章引入议程设置理论，通过讨论媒体报道的“议事日程”功能，发现媒体对企业高频、重复的报道会激发公众关注，促进股票价格对MD&A语调的短期反应。同时，在进一步研究中，我们还讨论了在不同的股价同步性、分析师关注度和宏观经济下，股票市场对会计文本语调的反应。结果表明，当宏观经济运行良好、股票信息环境较差、分析师关注度越高时，MD&A语调对股票累积超额收益率的正向影响越显著。上述结论丰富了已有股票市场对会计文本语调反应的研究成果，可以为未来研究股票市场对会计文本语调的反应提供重要参考。

本章的结构如下：5.2提出并阐述研究假设，5.3详细介绍本章的研究设计，5.4、5.5分别对实证结果和稳健性进行了讨论和检验，5.6进行进一步的分析与讨论，5.7是对本章进行的简要总结。

5.2 研究假设

公司年报作为上市公司信息披露中最重要的组成部分，是市场直接获取公司信息的有效渠道。相较于年报中的财务信息，年报中所呈现的文本语调向市场提供了用以评估企业未来业绩及现金流相关风险的有效增量信息（Loughran & Mcdonald，2011）。MD&A作为公司年报中财务数据的定性补充，是公司年报中语言色彩最浓郁的部分，生动地向外界展示了公司管理层对于公司过去经营状况的分析总结以及对公司未来发展前景的展望，为市场提供了公司的增量信息，降低了公司与投资者之间的信息不对称程度（Li，2010b）。

基于Tversky & Kahneman（1974）提出的属性框架现象理论，当一个对象被呈现在正框架中时，它获取的评价更为积极（Levin et al.，1998）。例如，标有“75%瘦肉”的牛肉产品比标有“25%脂肪”的牛肉产品更受消费者重视（Levin & Gaeth，1988）。属性的正（负）标记会导致好（坏）印象。

因此，更积极的语调可以引发投资者的良好印象，并进一步影响他们随后的判断和行为。同时，由于中小投资者不具备专业财务分析能力，相较于年报中的财务数字信息，中小投资者对年报中包含管理层情绪的非数字信息反应更敏感（Baginski et al.，2016）。那么对于机构投资者占比低、中小投资者占比高的中国资本市场来说，年报中呈现的管理层语调则很有可能成为投资者对上市公司进行价值判断和投资决策的重要信息来源（Jegadeesh & Wu，2012；Campbell et al.，2017；D'Augusta & DeAngelis，2017；Ertugrul et al.，2017）。因此年报中管理层语调越高，投资者对股票的异常反应越强。但是这一异常反应会受到时间效应的影响，随着时间的推移，投资者对年报中积极语调的反应会逐渐回归理性（Arslan-Ayaydin et al.，2015），管理层语调对公司股票市场异常反应的影响随之减弱甚至消失。我们参考马黎珺等（2019）的研究，采用股票的累积超额收益来衡量公司年报发布之后的市场反应。

因此，本书认为，公司年报发布后，中国股票市场会快速地对年报中呈现的管理层语调产生正向反应。但是随着时间的推移，这一反应会逐渐减弱直至消失。基于上述推论，我们提出如下假设：

假设 5-1：MD&A 语调越积极，股票短期累积超额收益率越高。

假设 5-2：随着时间的推移，MD&A 语调与股票累积超额收益率之间的相关性逐渐减弱直至消失。

按照传播学中的议程设置理论（McCombs & Shaw，1972），媒体可以通过有重点的、有倾向的重复报道，提高所报道信息在公众心目中的重要性，在大众心中产生“议程设置功能”。也就是说，媒体为公众设定了所见与所想的框架，受此影响，公众往往依赖媒体建立的观察事物的基础架构，分析和处理外在世界层出不穷的物与事。具体而言，公众习惯于根据媒体提供的信息和对各种问题的重视程度，确立自己看待事物和讨论问题的轻重缓急。在注意力层面，公众因媒体报道而意识到议题的存在；在启发性层面，公众会根据媒体议题设置的主次来安排考虑问题的先后顺序，并依据媒体赋予议题的意义调整观点甚至转化态度。因此，媒体报道虽然无法直接决定公众的看法和观点，但可以通过提供信息和调整议题来影响公众对事实和意见的关注次序，间接影响个人的观点和决策（Cohen，1963；Mccombs & Shaw，1972；Zucker，1978；Wanta & Wu，1992）。

在这种情况下，媒体凭借广泛的影响力和权威性，成为了投资者十分倚重的信息源，其报道内容为投资者了解、分析、评价公司并做出投资决策设定了重要的认知框架（Guldiken et al.，2017）。且由于机构投资者可以通过参与路演活动、分析相关研究报告等方式获取拟 IPO 公司的价值信息，但散户投资者搜集和分析拟 IPO 公司价值信息的能力不强。因此，媒体报道实际上影响的是散户投资者的信念（Bajo & Raimondo，2017）。

综上所述，大众传播具有一种为公众设置“议事日程”的功能，它通过赋予各种“议题”不同程度显著性的方式，影响人们对周围世界的“大事”及其重要性的判断。公众对企业的关注程度与媒体对该企业的新闻报道数量正相关。也就是说，某一事物或问题若被大众媒介所关注，那么该事物或问题在公众心目中的重要位置就会得到提升。因此，媒体对企业重复、高频的报道会激发更多的市场关注，越受媒体关注的公司，越能获得显著的市场反应。因此，我们提出如下假设：

假设 5-3：媒体关注度增强了 MD&A 语调对股票累积超额收益率的正向影响。

5.3 研究设计

5.3.1 样本选择与数据来源

为了研究 MD&A 语调对股票累积超额收益的影响，本章的初始样本涵盖了 2012~2018 年上海证券交易所 A 股市场上市的所有非 ST 公司。由于金融公司具有不同于其他行业的严格的财务数据制定标准，本书进一步将样本缩小至非金融行业。我们使用第 3 章计算出的管理层语调作为本章的自变量。股票市场数据和公司主要财务数据来自 CSMAR（国泰君安）数据库。所有连续变量都在 1% 和 99% 水平上进行了断尾处理。行业划分依据证券行业分类指导标准，由于制造行业占总样本比例过高，按其二级行业进行分类，其他行业则全部按照其大类进行分类。共计 20 个行业。

5.3.2 变量测量

5.3.2.1 股票市场反应

参照马黎珺等（2019），本章使用公司年报发布日前后的股票累积超额收益率（*CAR*）作为股票市场异常反应的代理变量。*CAR* 具体计算过程如下：

先对个股的实际日收益率进行回归：

$$E\left[R_{it(event)}\right] = \alpha_i + \beta_i \times R_{mt(event)} + \varepsilon_{it} \tag{5-1}$$

式（5-1）中，$E\left[R_{it(event)}\right]$ 为窗口期内股票 i 在第 t 日的正常收益率，$R_{it(event)}$ 为窗口期内股票 i 在第 t 日的实际收益率，$R_{mt(event)}$ 为窗口期内市场组合在第 t 日的实际收益率。

再计算股票 i 在第 t 天的个股异常收益率 AR_{it}：

$$AR_{it} = R_{mt(event)} - E\left[R_{it(event)}\right] \tag{5-2}$$

最后得出第 t_1 天至第 t_2 天 n 只股票的累计异常收益率 $CAR_{(t_1,t_2)}$：

$$CAR_{(t_1,\ t_2)} = \sum_{t=t_1}^{t_2} AR_{it} \tag{5-3}$$

对于短期事件研究的窗口期选取并无统一标准（方颖和郭俊杰，2018），本章借鉴 Miyajima & Yafeh（2007），以年报发布日为事件日（记为 t=0）、选取年报发布日前后各 5 个交易日作为事件窗口期、选取年报发布前 110 个到前 11 个交易日作为估计期，因此本章的短期累积异常收益率记为 *CAR*（-5,5）。同时，为了观察时间长短会否影响管理层语调对股票累积超额收益的影响，我们将窗口期分别延长至年报发布后一个月、两个月和三个月，分别记为 $CAR_{(-5,\ 30)}$、$CAR_{(-5,\ 60)}$ 和 $CAR_{(-5,\ 90)}$。

5.3.2.2 媒体关注度

现有关于上市公司媒体报道样本选取主要有两种：一种是仅选取少数代表性纸质报刊；另一种是使用互联网新闻报道。前者由于少数几份纸质报刊的公众覆盖率有限，且在互联网高度普及的信息化时代，报纸已不再是公众了解社会经济活动的主要渠道。因此，我们选择受众更加广泛的互联网新闻报道作为本章的研究样本。

相关新闻被传播的次数是衡量媒体报道发挥信息中介和公关监督作用的重要指标。我们选择百度新闻搜索引擎①作为数据源，使用 Python 对目标上市公司进行网络爬虫，获取关于目标公司当年的新闻报道条目数。最后参考罗进辉和杜兴强（2014），将获取的新闻报道条目数加 1 后取自然对数来度量每个公司的年度媒体关注度（*Mediat*）。

5.3.2.3 控制变量

为了确定实证结果的准确性，本书在回归模型中加入了可能影响股票累积超额收益率的公司特征变量。首先，本书将公司总资产的对数（*Size*）和市价对账面价值比率（*MB*）作为公司规模特征的代理变量（Brockman et al.，2008）。其次，本书使用总负债与总资产的比率（*Leverage*）代表公司的现金流特征（Chen et al.，2007）。针对公司经营业绩特征，本书则选择使用总资产回报率（*ROA*）进行表述（Arslan-Ayaydin et al.，2015）。最后，为了进一步控制宏观因素对股价崩盘风险的影响，本书选择对年份和行业进行控制，以求得到更具有普适性的结论。如上所有变量的详细描述如附录 C 所示。

5.3.3 实证模型

如上文所述，本章的假设主要分为三个问题：①验证股票短期异常收益

① http://news.baidu.com/.

对 MD&A 语调的反应。② MD&A 语调对股票累积超额收益的影响是否随着时间的推移而减弱。③大众媒体对公司的关注度会否影响管理层语调与股票累积超额收益之间的联系。

（1）针对第一个问题，借鉴 Arslan-Ayaydin et al.（2015）的研究，我们构建了如下模型验证假设 5–1：

$$CAR_{(-5,\ 5)} = \alpha_0 + \alpha_1 \times MD\&A\_Tone_{i,t} + \gamma \times Controls_{i,t} + \sum Industry + \sum Year + \varepsilon_{i,t} \tag{5–4}$$

式（5–4）中，因变量为公司年报发行日前后 5 个交易日的股票累积异常收益率（$CAR_{(-5,\ 5)}$），自变量为当年的管理层语调（*MD&A_Tone*）。若管理层语调 *MD&A_Tone* 的系数显著为正，代表假设 5–1 得到了验证。$Controls_{i,\ t}$ 代表在本年度可能影响公司股票累积超额收益率的控制变量，包括当年的公司规模（*Size*）、公司杠杆率（*Leverage*）、市账比（*MB*）、公司业绩（*ROA*）与公司上市年限（*Age*）。同时，为了消除宏观经济状况对研究结果的影响，本章还控制了年度（*Year*）与公司所属行业（*Industry*）。

（2）针对第二个问题，我们将股票累积超额收益率测量的窗口期分别延长至年报发布后一个月、两个月和三个月，分别记为 $CAR_{(-5,\ 30)}$、$CAR_{(-5,\ 60)}$ 和 $CAR_{(-5,\ 90)}$，并构建如下的回归模型检验假设 5–2：

$$CAR_{(-5,\ 30)} = \alpha_0 + \alpha_1 \times MD\&A\_Tone_{i,t} + \gamma \times Controls_{i,t} + \sum Industry + \sum Year + \varepsilon_{i,t} \tag{5–5}$$

$$CAR_{(-5,\ 60)} = \alpha_0 + \alpha_1 \times MD\&A\_Tone_{i,t} + \gamma \times Controls_{i,t} + \sum Industry + \sum Year + \varepsilon_{i,t} \tag{5-6}$$

$$CAR_{(-5,\ 90)} = \alpha_0 + \alpha_1 \times MD\&A\_Tone_{i,t} + \gamma \times Controls_{i,t} + \sum Industry + \sum Year + \varepsilon_{i,t} \tag{5-7}$$

式（5–6）~ 式（5–7）中，因变量为 $CAR_{(-5,30)}$、$CAR_{(-5,60)}$ 和 $CAR_{(-5,90)}$，自变量为当年的管理层语调（*MD&A_Tone*），$Controls_{i,\ t}$ 代表在本年度可能影响公司股票累积超额收益率的控制变量，*Year* 代表所属年份，*Industry* 代表公司所属行业。

（3）针对第三个问题，我们使用分组检验的方法验证假设 5–3。

5.4 实证结果分析

5.4.1 描述性统计分析

表 5–1 列示了本章总样本的描述性统计结果。包括公司短期市场反应（$CAR_{(-5,\ 5)}$）、长期市场反应（$CAR_{(-5,\ 30)}$、$CAR_{(-5,\ 60)}$ 和 $CAR_{(-5,\ 90)}$）、年报中 MD&A 语调（$MD\&A\_Tone_t$）、媒体关注度（$Media_t$）和控制变量（$Size_t$、$Leverage_t$、MB_t、ROA_t）的汇总统计。我们分别对所有变量的平均值（Mean）、中位数（P50）、标准差（S.D.）和峰值（最大值 Max、最小值 Min）进行计算。

从全样本来看，$CAR_{(-5,\ 5)}$ 的均值和标准差分别为 0.7016、8.9289，最小值、中位数和最大值分别为 –15.7522、0.0721 和 20.7870。$CAR_{(-5,\ 30)}$ 的均值和标准差分别为 1.5903 和 17.0261，最小值、中位数和最大值分别为 –28.9130、0.2617 和 39.5044。$CAR_{(-5,\ 60)}$ 的均值和标准差分别为 –0.2419 和 23.2657，最小值、中位数和最大值分别为 –44.1632、–1.1427 和 48.5051。$CAR_{(-5,\ 90)}$ 的均值和标准差分别为 –1.7762、27.8965，最小值、中位数和最大值分别为 –58.0505、–0.9148 和 50.8375。由这些统计量可知，与预期相符，随着窗口期的扩大，公司累积超额收益率的最大值和最小值的绝对值不断增加。媒体关注度（$Media_t$）的均值和标准差分别为 2.7924 和 1.5374，最小值与最大值分别为 0 和 12.1756。这说明媒体对不同上市公司的报道数量差异较大，且某些公司的媒体曝光率为 0。

表 5–2 报告了各变量之间的相关系数。如表 5–2 所示，$MD\&A\_Tone_t$ 与长短期累积超额收益率均显著正相关，管理层语调越积极，股票累积超额收益率越高。媒体关注度（$Media_t$）与 $MD\&A\_Tone_t$ 显著正相关，公司获取的媒体曝光度越高，年报中管理层语调越高，一定程度上证实了假设 5–3。大多数控制变量均与股票累积超额收益率显著相关，进一步说明了模型设定中加

入这些控制变量的必要性。

表 5-1　描述性统计分析

Variable	N	Mean	S.D.	Min	P25	P50	P75	Max
$CAR_{(-5,\ 5)}$	9465	0.7016	8.9289	−15.7522	−4.8591	0.0721	5.5002	20.7870
$CAR_{(-5,\ 30)}$	9454	1.5903	17.0261	−28.9130	−9.3356	0.2617	11.0641	39.5044
$CAR_{(-5,\ 60)}$	9441	−0.2419	23.2657	−44.1632	−15.1021	−1.1427	13.3483	48.5051
$CAR_{(-5,\ 90)}$	9412	−1.7762	27.8965	−58.0505	−19.2750	−0.9148	16.5318	50.8375
$MD\&A\_Tone_t$	9538	3.7630	2.7200	0.0000	1.9525	3.2370	4.9542	14.1997
$Media_t$	9582	2.7924	1.5374	0.0000	1.9459	2.8332	3.7612	12.1756
$Size_t$	9523	22.1626	1.3147	19.4357	21.2243	22.0197	22.9833	25.8231
$Leverage_t$	9523	0.4489	0.2213	0.0477	0.2704	0.4439	0.6172	0.9668
MB_t	9121	2.2417	2.2040	0.1945	0.8600	1.5863	2.7939	13.3713
ROA_t	9528	0.0318	0.0567	−0.2279	0.0106	0.0308	0.0588	0.1881

资料来源：通过 Stata 计算整理。

5.4.2　管理层语调与长短期市场反应

5.4.2.1　短期市场反应

为了检验 MD&A 语调对股票短期累积超额收益的影响，我们对模型（5–1）进行了回归分析，结果如表 5–2 所示。表 5–2 列（1）列示了加入可能影响股票短期累积超额收益率的控制变量但在未控制年份和行业的情况下，MD&A 语调（$MD\&A\_Tone_t$）与股票短期累积超额收益率（$CAR_{(-5,\ 5)}$）的回归结果，结果显示 $MD\&A\_Tone_t$ 与 $CAR_{(-5,5)}$ 在 5% 的水平下显著正相关。为了进一步验证上述结论的可信性，我们在模型中进一步加入行业和年份的虚拟变量，结果如表 5–2 列（2）所示，$MD\&A\_Tone_t$ 依旧在 5% 的水平下显著为正。为避免异方差影响估计值的标准误差，我们使用稳健标准误重新估计模型（5–4），如表 5–2 列（3）所示，$MD\&A\_Tone_t$ 的系数并未发生明显改变。最后，由于各公司之间存在差异，本节加入聚群标准误以获取更加合理的估计值，结果如表 5–2 列（4）所示，$MD\&A\_Tone_t$ 的系数依旧在 5% 的水平上显著为负。

表 5-2 相关系数矩阵

	$CAR_{(-5,5)}$	$CAR_{(-5,30)}$	$CAR_{(-5,60)}$	$CAR_{(-5,90)}$	$MD\&A\_Tone_t$	$Size_t$	$Leverage_t$	MB_t	ROA_t	$Media_t$
$CAR_{(-5,5)}$	1									
$CAR_{(-5,30)}$	0.643***	1								
$CAR_{(-5,60)}$	0.565***	0.755***	1							
$CAR_{(-5,90)}$	0.495***	0.668***	0.858***	1						
$MD\&A\_Tone_t$	0.016	-0.003	-0.006	-0.013	1					
$Size_t$	-0.030***	-0.089***	-0.054***	0	0.050***	1				
$Leverage_t$	-0.001	-0.020*	-0.011	0.008	-0.062***	0.071***	1			
MB_t	0.022**	0.006	-0.006	-0.023**	-0.027***	-0.197***	0.020**	1		
ROA_t	0.008	0.014	0.041***	0.039***	0.029***	0.015	-0.175***	-0.056***	1	
$Media_t$	-0.001	-0.043***	-0.043***	-0.011	0.154***	0.364***	-0.020*	-0.013	0.010	1

注：*、** 和 *** 分别表示变量在 10%、5% 和 1% 的水平上显著。

资料来源：通过 Stata 计算整理。

表 5–3　MD&A 语调与股票短期累积超额收益

	(1)	(2)	(3)	(4)
	$CAR_{(-5,\ 5)}$	$CAR_{(-5,\ 5)}$	$CAR_{(-5,\ 5)}$	$CAR_{(-5,\ 5)}$
MD&A_Tone	0.0760**	0.0711**	0.0711**	0.0711**
	(2.449)	(2.242)	(2.067)	(2.038)
Size	−0.1828**	−0.1690**	−0.1690**	−0.1690**
	(−2.519)	(−2.186)	(−2.102)	(−2.236)
Leverage	0.6011*	0.5924*	0.5924	0.5924
	(1.717)	(1.679)	(1.170)	(1.207)
MB	0.0100*	0.0093	0.0093***	0.0093**
	(1.674)	(1.574)	(2.695)	(2.350)
ROA	1.9681	2.2366	2.2366	2.2366
	(0.989)	(1.099)	(1.012)	(0.974)
Year	N	Y	Y	Y
Industry	N	Y	Y	Y
Robust	N	N	Y	Y
Cluster	N	N	N	Y
Constant	4.0923***	2.8369	2.8369	2.8369
	(2.609)	(1.622)	(1.604)	(1.634)
Observations	9071	9071	9071	9071
R-squared	0.002	0.044	0.044	0.044

注：括号内为 T 值；*、** 和 *** 分别表示变量在 10%、5% 和 1% 的水平上显著；Y 表示已控制、N 表示未控制；余表同。

如上所述，与假设 5–1 预期相一致，在控制了当年的公司规模（$Size_t$）、公司杠杆率（$Leverage_t$）、市账比（MB_t）、公司业绩（ROA_t）、年份（*Year*）、公司所属行业（*Industry*）、稳健和聚群标准误（Clustered Standard Error）后，管理层语调与股票短期累积超额收益率之间依旧显著正相关，如表 5–3 列（4）所示。MD&A 语调越积极，股票短期累积超额收益率越高。这一结论与 Arslan-Ayaydin et al.（2015）的结论相类似，股票市场对 MD&A 语调产生了显著的短期市场反应，MD&A 语调越积极，公司股票短期累积超额收益率越高。假设 5–1 得到了验证。

根据表 5–3 的结果可知，本章控制变量的系数与以往的研究是一致的。公司规模（$Size_t$）与股票短期累积超额收益率（$CAR_{(-5,\ 5)}$）显著负相关，公司规模越小、公司短期股票累积超额收益率越高。同时，MB_t 的系数在 5% 的水平上显著为正，公司价值会正向影响短期收益。公司价值越高，公司股票获取收益的能力越强。

5.4.2.2 长期市场反应

为了检验假设 5–2，我们分别对模型（5–5）~ 模型（5–7）进行回归分析，结果如表 5–4 所示。其中，表 5–4 列（1）列示了公司年报发行后 30 个交易日内的股票累积超额收益率（$CAR_{(-5,\ 30)}$）与 MD&A 语调之间的回归结果，结果显示 $MD\&A\_Tone_t$ 与 $CAR_{(-5,\ 30)}$ 依旧在 5% 的水平下显著正相关。我们进一步将股票累积超额收益率的窗口期上限延长至 60 个交易日，回归结果如表 5–4 列（2）所示，$MD\&A\_Tone_t$ 与 $CAR_{(-5,\ 60)}$ 之间不再存在显著相关性。当将股票累积超额收益率窗口期上限延长至 90 个交易日时，$MD\&A\_Tone_t$ 与 $CAR_{(-5,\ 90)}$ 之间依旧无显著关联，如表 5–4 中列（3）所示。

通过对比表 5–3 列（4）和表 5–4 列（1）~ 列（3）的回归结果，我们可以发现：随着时间的推移，MD&A 语调与股票累积超额收益率之间的相关性逐渐减弱至消失。这一结果与本书的预期相符，窗口期越短，投资者越容易受到年报的影响，市场对公司股票价格的反应越强；窗口期越长，投资者不断获取新的信息，市场随之进行相应的自我修正，年报中 MD&A 语调对股票累积超额收益率的影响减弱。这一结果与 Arslan-Ayaydin et al.（2015）类似，会计文本语调对短期股票价格的影响要大于对长期股票价格的影响。假设 5–2 得到验证。

表 5-4　MD&A 长短期累积超额收益率比较

	(1)	(2)	(3)
	$CAR_{(-5,\ 30)}$	$CAR_{(-5,\ 60)}$	$CAR_{(-5,\ 90)}$
$MD\&A\_Tone_t$	0.1227**	0.0910	-0.0134
	(1.995)	(1.048)	(-0.132)
$Size_t$	-0.7477***	-0.3636*	0.2972
	(-5.374)	(-1.765)	(1.304)
$Leverage_t$	0.1751	0.4020	0.5198
	(0.170)	(0.292)	(0.393)
MB_t	-0.0076	-0.0137	-0.0273
	(-0.688)	(-0.682)	(-1.005)
ROA_t	1.9133	6.6248	-0.5386
	(0.452)	(1.157)	(-0.073)
Year	Y	Y	Y
Industry	Y	Y	Y
Robust	Y	Y	Y
Cluster	Y	Y	Y
Constant	18.8202***	11.4064**	0.8719
	(6.306)	(2.529)	(0.172)
Observations	9065	9054	9028
R-squared	0.145	0.076	0.068

5.4.3　媒体关注度

如上，年报中的管理层语调会引起显著的股票收益异常波动，随着时间的推移，这一影响逐渐减弱。也就是说，在年报发布后较短的时间内，市场由于可获取的增量信息较少，对 MD&A 语调的依赖程度较高。但是，随着信息不断披露到市场中，股票市场对 MD&A 语调的异常反应逐渐被修正。那么，在年报公布初期，什么会促进或者抑制 MD&A 语调对股票累积超额收益的影响呢？我们根据假设 5-3，探讨大众媒体关注度对 MD&A 语调与股票累积超额收益率之间的影响机制。

为了检验假设 5-3，与前文类似，我们基于大众媒体对公司报道数量中位数对研究样本进行分组，并对模型（5-4）和模型（5-5）重新进行分析，实证结果如表 5-5 所示。如表 5-5 列（1）和列（3）所示，当大众媒体关于某公司的报道数量较少时，MD&A 语调（$MD\&A\_Tone_t$）与股票累积超额收益率（$CAR_{(-5,\ 5)}$ 和 $CAR_{(-5,\ 30)}$）之间无显著相关性。如表 5-5 列（2）和列（4）所示，当大众媒体关于某公司的报道数量较多时，MD&A 语调（$MD\&A\_Tone_t$）与股票累积超额收益率（$CAR_{(-5,\ 5)}$ 和 $CAR_{(-5,\ 30)}$）显著正相关。这一结果表明，年报发布上一年大众媒体对公司的关注越多，该公司 MD&A 语调对股票累积超额收益率的正向影响越显著。媒体报道影响了投资者的投资决策，媒体对某一上市公司的关注度越高，投资者对该产品的关注度越高，对该公司披露信息的反应越积极。假设 5-3 得到验证。

表 5-5 媒体关注度对管理层语调与累积超额收益率的影响

	（1）	（2）	（3）	（4）
	$CAR_{(-5,\ 5)}$	$CAR_{(-5,\ 5)}$	$CAR_{(-5,\ 30)}$	$CAR_{(-5,\ 30)}$
	媒体关注度低	媒体关注度高	媒体关注度低	媒体关注度高
MD&A_Tone	0.0416	0.0812*	0.0356	0.1757**
	（0.746）	（1.852）	（0.356）	（2.199）
Size	−0.3272**	−0.0367	−1.3108***	−0.4090**
	（−2.318）	（−0.358）	（−5.177）	（−2.193）
Leverage	1.0893**	−0.9680	0.9784	−2.0103
	（2.343）	（−1.299）	（0.951）	（−1.509）
MB	−0.0181	0.0152***	−0.0810	0.0068
	（−1.064）	（5.071）	（−1.615）	（1.248）
ROA	0.7531	12.3383**	−1.5609	24.8573**
	（0.368）	（2.022）	（−0.318）	（2.371）
Year	Y	Y	Y	Y
Industry	Y	Y	Y	Y
Robust	Y	Y	Y	Y
Cluster	Y	Y	Y	Y

续表

	(1)	(2)	(3)	(4)
	$CAR_{(-5,\ 5)}$	$CAR_{(-5,\ 5)}$	$CAR_{(-5,\ 30)}$	$CAR_{(-5,\ 30)}$
	媒体关注度低	媒体关注度高	媒体关注度低	媒体关注度高
Constant	6.5983**	–0.1710	30.4672***	12.0189***
	(2.097)	(–0.076)	(5.444)	(2.958)
Observations	4320	4751	4317	4748
R-squared	0.056	0.042	0.182	0.122

5.5 稳健性检验

5.5.1　内生性检验

管理层可能由于提前获知公司未来的运营状况而在年报中呈现了相应的语调，这一情况会影响 MD&A 语调与股票市场反应间的关联性。本节借鉴 Xu et al.（2014）、曾庆生等（2018）和 Wu et al.（2020）的研究，通过使用工具变量对模型（5–4）和模型（5–5）进行二阶段回归，以控制其内生性问题。首先，我们选择同一行业中其他公司的 MD&A 语调的平均值（*IV_Industry*）作为工具变量。由于处于同一行业，同行业内各公司所呈现的 MD&A 语调存在一定的相关性。但并没有证据可以表明同行业其他公司的文本语调会影响目标公司的累积超额收益。因此，*IV_Industry* 满足工具变量的使用前提：相关性和外生性。其次，本书使用同一省份其他公司的 MD&A 语调的平均值（*IV_Location*）作为本书的第二个工具变量，与上一个工具变量相类似，目标公司的会计文本语调可能与其工作地点附近的公司相关联，但附近公司的会计文本语调并不能显著影响目标公司的累积超额收益。

表 5–6　二阶段工具变量回归结果

	$CAR_{(-5,\ 5)}$		$CAR_{(-5,\ 30)}$	
	一阶段回归 (1)	二阶段回归 (2)	一阶段回归 (3)	二阶段回归 (4)
$Abnormal\_Tone_t$		1.0860*** (2.75)		2.6522*** (3.57)
$IV\_Industry_t$	0.8490*** (6.99)		0.8498*** (6.99)	
$IV\_Location_t$	0.2545*** (4.45)		0.2522*** (4.41)	
$Size_t$	0.2167*** (6.64)	−0.4023*** (−3.44)	0.2163*** (6.63)	−1.3115*** (−5.83)
$Leverage_t$	−0.9844*** (−4.06)	1.6507*** (3.03)	−0.9772*** (−4.04)	2.7759*** (2.65)
MB_t	−0.0045*** (−3.70)	0.0145*** (4.18)	−0.0045*** (−3.69)	0.0055 (0.41)
ROA_t	0.9678 (1.37)	1.2252 (0.60)	0.9796 (1.38)	−0.6465 (−0.13)
Year	Y	Y	Y	Y
Industry	Y	Y	Y	Y
Robust	Y	Y	Y	Y
Cluster	Y	Y	Y	Y
Constant	4.0674** (2.18)	4.0674*** (2.18)	1.0022 (1.19)	21.5510*** (5.89)
Number of observations	9047	9047	9041	9041
相关性检验				
Minimum eigenvalue statistic	32.9592		32.8163	
R-squared	0.1049		0.1048	
外生性检验				
Score chi square	0.6489		0.8100	
P-value	0.4205		0.3681	

二阶段回归结果如表 5–6 所示。表 5–6 列（1）和列（2）显示了 $CAR_{(-5,\ 5)}$ 的二阶段回归结果。表 5–6 列（3）和列（4）报告了 $CAR_{(-5,\ 30)}$ 的二阶段回归结果。如表 5–6 中相关性检验结果所示，MD&A 语调与 $CAR_{(-5,\ 5)}$ 和 $CAR_{(-5,\ 30)}$ 的“最小特征统计量”均大于临界值 10，因此可以拒绝存在弱工具变量的原假设，工具变量与目标企业的 MD&A 语调存在相关性。如表

5–6 中外生性检验结果所示，卡方的 P 值远大于 0.10，因此本小节无法拒绝工具变量外生性的原假设，工具变量的选取符合外生性条件。进一步，通过表 5–6 列（2）和列（4）可知，在控制了内生性问题后，MD&A 语调与短期股票累积超额收益依旧显著正相关，本章研究结论的稳健性得到了验证。

5.5.2　基于 Fama-French 三因素模型的股票累积超额收益率计算

我们在前面采用被广泛使用的市场模型计算股票累积超额收益率（Konar & Cohen，1997）。但考虑到市场模型仅使用市场收益率代表风险因素，并未包含市值效应（Banz，1981）和价值效应（Stattman，1980）。本部分将使用 Fama-French 三因素模型（Fama & French，1993）重新计算股票累积超额收益率，以证明研究结论的稳健性。计算过程如下：

$$AR_{it} = R_{it} - E[R_{it}] = \alpha_i + \beta_i \times RP_t + \gamma_i \times SMB_t + \delta_i \times HML_t + \varepsilon_{it} \quad (5\text{–}8)$$

式（5–8）中，AR_{it} 表示股票 i 在第 t 天的个股累积超额收益率；R_{it} 为窗口期内股票 i 在第 t 日的实际收益率；$E[R_{it}]$ 为窗口期内股票 i 在第 t 日的正常收益率；RP_t 表示经流通市值加权的风险溢价因子；SMB_t 表示经流通市值加权的市值比因子；HML_t 表示经流通市值加权的账面市值比因子。

本部分延续前文的窗口划分方法，选取公司年报公布日前后各 5 个交易日［–5，5］作为事件窗口期，选取公司年报公布日前 100 个交易日［–110，–6］作为估计期，得出累积超额收益率 $CAR_{(-5,\ 5)}$：

$$CAR - FamaFrench_{(-5,\ 5)} = \sum_{t=-5}^{5} AR_{it} \quad (5\text{–}9)$$

基于新获取的股票累积超额收益率（*CAR-FamaFrench*（–5，5）)，本节对原有模型进行回归分析。结果如表 5–7 所示。由表 5–7 可知，更换因变量的测量方法后，MD&A 语调依旧会显著正向影响股票累积超额收益率，且这一相关关系会受到时间的限制，股票累积超额收益率衡量的窗口期越长，MD&A 语调与股票累积超额收益率之间的关系越不显著，如表 5–7 列（1）~

列（4）所示。同时，在上一年获取更多媒体关注度的公司，其披露的MD&A语调对股票累积超额收益的影响更加显著，如表5-7列（5）~列（8）所示。以上结果表示，即使更换股票累积超额收益的测量方法，本章的结论依旧稳健，假设5-1~假设5-3再次得到验证。

5.5.3 未来发展与展望

前面我们使用年报中的MD&A作为样本，提取其中包含的文本语调作为本章的自变量。但是，MD&A实际包含两个部分：管理层关于公司过去经营状况的讨论和未来发展与展望。因此，为了排除股票累积超额收益对管理层语调的反应源于公司过去经营业绩，在本部分我们只提取MD&A中未来发展与展望部分作为管理层语调衡量的样本，重新验证管理层语调与股票累积超额收益率之间的关系，结果如表5-8所示。

如表5-8列（1）~列（4）所示，MD&A语调会显著正向影响股票累积超额收益率，但这一相关关系会受到时间的限制，股票累积超额收益率衡量的窗口期越长，MD&A语调与股票累积超额收益率之间的关系越不显著。假设5-1和假设5-2得到验证。同时，上年获得更多媒体关注度的公司，其披露的MD&A语调对股票累积超额收益的影响更加显著，这一结论与假设5-3一致。以上结果表示，即使更换MD&A语调的测量样本，本章的结论依旧稳健。

5.5.4 增加控制变量

为了进一步验证上述结论的稳健性，本部分通过加入新的控制变量对已验证的假设进行重新估计。考虑到公司治理对股票市场反应的影响（Dah et al., 2016），本书将管理层两职合一情况（$CeoDua_t$）、独立董事占比（$Indirector_t$）、股权集中度（$LargestHolder_t$）加入原有模型。本书选取第一大股东持股比率（Chen et al., 2007）作为公司股权结构的代理变量，并使用独立董事占比来衡量公司内部监管水平（Claessens et al., 2000）。回归结果如表5-9所示。

表 5-7　MD&A 语调与基于 Fama-French 三因素计算的股票累积超额收益率

	(1)	(2)	(3)	(4)	(5)	(6)	(7)	(8)
	$Fama_{(-5,\ 5)}$	$Fama_{(-5,\ 30)}$	$Fama_{(-5,\ 60)}$	$Fama_{(-5,\ 90)}$	$Fama_{(-5,\ 5)}$	$Fama_{(-5,\ 5)}$	$Fama_{(-5,\ 30)}$	$CAR_{(-5,\ 30)}$
	全样本	全样本	全样本	全样本	媒体关注度低	媒体关注度高	媒体关注度低	媒体关注度高
$MD\&A\_Tone_t$	0.0731**	0.1903**	0.1039	0.0199	0.0383	0.0785*	0.0995	0.2283*
	(2.009)	(2.024)	(1.642)	(0.170)	(0.663)	(1.669)	(0.668)	(1.918)
$Size_t$	−0.1123	−0.8358***	−0.6170***	−0.6308**	−0.1676	0.1338	−1.3292***	−0.0686
	(−1.503)	(−4.068)	(−4.035)	(−2.335)	(−1.107)	(1.402)	(−3.203)	(−0.266)
$Leverage_t$	0.3380	0.0086	−1.8849	−1.2929	−0.5937	−2.1929***	−3.3522*	−5.6998***
	(0.676)	(0.006)	(−1.562)	(−0.696)	(−0.778)	(−3.214)	(−1.696)	(−3.243)
MB_t	0.0098**	−0.0179	−0.0005	0.0142	−0.0383	0.0156***	−0.1337	−0.0004
	(2.471)	(−0.894)	(−0.059)	(0.677)	(−1.579)	(6.112)	(−0.949)	(−0.077)
ROA_t	1.0615	2.9581	1.2782	7.7959	0.1928	−0.0481	0.6879	−0.2835
	(0.496)	(0.537)	(0.305)	(1.464)	(0.992)	(−0.232)	(1.532)	(−0.499)
Year/Industry	Y	Y	Y	Y	Y	Y	Y	Y
Robust/ Cluster	Y	Y	Y	Y	Y	Y	Y	Y
Constant	1.5944	17.6339***	13.8603***	12.8775**	3.8764	−3.0195	27.4793***	7.5437
	(0.950)	(3.974)	(4.457)	(2.269)	(1.199)	(−1.384)	(3.087)	(1.303)
Observations	9071	9054	9028	8679	4281	4738	4276	4726
R-squared	0.008	0.016	0.019	0.012	0.013	0.013	0.025	0.021

表 5-8　未来发展与展望文本语调与股票累积超额收益率

	(1)	(2)	(3)	(4)	(5)	(6)	(7)	(8)
	$CAR_{(-5,5)}$	$CAR_{(-5,30)}$	$CAR_{(-5,60)}$	$CAR_{(-5,90)}$	$CAR_{(-5,5)}$	$CAR_{(-5,5)}$	$CAR_{(-5,30)}$	$CAR_{(-5,30)}$
	全样本	全样本	全样本	全样本	媒体关注度低	媒体关注度高	媒体关注度低	媒体关注度高
FLS_Tone_t	0.0010*	0.0021**	0.0007	0.0001	0.0007	0.0011*	0.0014	0.0026**
	(1.868)	(2.342)	(0.584)	(0.070)	(0.791)	(1.727)	(0.951)	(2.249)
$Size_t$	-0.1558**	-0.7265***	-0.3447*	0.2941	-0.3219**	-0.0189	-1.3042***	-0.3713**
	(-2.074)	(-5.260)	(-1.681)	(1.296)	(-2.278)	(-0.186)	(-5.156)	(-2.007)
$Leverage_t$	0.5822	0.1839	0.3550	0.5400	1.0902**	-0.9892	1.0209	-2.0362
	(1.182)	(0.178)	(0.257)	(0.409)	(2.348)	(-1.331)	(1.002)	(-1.526)
MB_t	0.0094**	-0.0072	-0.0138	-0.0272	-0.0179	0.0153***	-0.0797	0.0071
	(2.405)	(-0.661)	(-0.688)	(-1.001)	(-1.052)	(5.145)	(-1.597)	(1.324)
ROA_t	2.2716	1.9587	6.6940	-0.5568	0.7678	12.4160**	-1.5638	24.9946**
	(0.986)	(0.462)	(1.169)	(-0.076)	(0.374)	(2.034)	(-0.318)	(2.380)
Year/Industry	Y	Y	Y	Y	Y	Y	Y	Y
Robust/ Cluster	Y	Y	Y	Y	Y	Y	Y	Y
Constant	2.5914	18.3442***	11.1654**	0.8655	6.4988**	-0.5335	30.1592***	11.2018***
	(1.492)	(6.145)	(2.472)	(0.170)	(2.059)	(-0.239)	(5.380)	(2.757)
Observations	9071	9065	9054	9028	4320	4751	4317	4748
R-squared	0.044	0.145	0.076	0.068	0.056	0.042	0.182	0.122

表 5-9　稳定性检验——增加控制变量

	(1)	(2)	(3)	(4)	(5)	(6)	(7)	(8)
	$CAR_{(-5,5)}$	$CAR_{(-5,30)}$	$CAR_{(-5,60)}$	$CAR_{(-5,90)}$	$CAR_{(-5,5)}$	$CAR_{(-5,5)}$	$CAR_{(-5,30)}$	$CAR_{(-5,30)}$
	全样本	全样本	全样本	全样本	媒体关注度低	媒体关注度高	媒体关注度低	媒体关注度高
$MD\&A\_Tone_t$	0.0756**	0.1195*	0.0993	0.0123	0.0524	0.0819*	0.0344	0.1684**
	(2.163)	(1.932)	(1.141)	(0.121)	(0.930)	(1.865)	(0.341)	(2.099)
$CeoDua_t$	0.4728**	−0.0248	0.4625	1.8961***	0.5044	0.4604	−0.4663	0.4047
	(2.047)	(−0.062)	(0.835)	(2.831)	(1.452)	(1.502)	(−0.759)	(0.754)
$Indirector_t$	0.1373	0.7652	0.3541	−1.1497	1.8529	−1.6233	−0.2116	0.9937
	(0.085)	(0.255)	(0.081)	(−0.225)	(0.734)	(−0.718)	(−0.045)	(0.255)
$LargestHolder_t$	−0.0016	−0.0019	0.0218	0.0199	0.0004	−0.0053	−0.0048	−0.0045
	(−0.251)	(−0.168)	(1.363)	(1.085)	(0.042)	(−0.644)	(−0.281)	(−0.310)
$Size_t$	−0.1922**	−0.7533***	−0.4450**	0.1651	−0.3574**	−0.0442	−1.2840***	−0.4210**
	(−2.459)	(−5.207)	(−2.068)	(0.689)	(−2.450)	(−0.421)	(−4.900)	(−2.197)
$Leverage_t$	0.6534	0.3287	0.5482	0.4679	1.1836***	−0.9954	1.1463	−1.9190
	(1.337)	(0.321)	(0.399)	(0.341)	(2.663)	(−1.320)	(1.157)	(−1.425)
MB_t	0.0086**	−0.0070	−0.0141	−0.0288	−0.0220	0.0148***	−0.0746	0.0063
	(2.074)	(−0.682)	(−0.713)	(−1.058)	(−1.258)	(5.121)	(−1.559)	(1.180)
ROA_t	2.3210	2.0967	7.1819	0.3086	0.9367	11.8625*	−1.4386	24.5837**
	(1.021)	(0.498)	(1.255)	(0.042)	(0.462)	(1.909)	(−0.295)	(2.331)
Year/Industry	Y	Y	Y	Y	Y	Y	Y	Y
Robust/ Cluster	Y	Y	Y	Y	Y	Y	Y	Y
Constant	2.4704	18.6499***	11.1944**	−0.0534	5.4606*	0.1487	30.8740***	11.2687***
	(1.349)	(5.816)	(2.296)	(−0.010)	(1.662)	(0.063)	(5.219)	(2.633)
Observations	8944	8938	8927	8902	4257	4687	4254	4684
R-squared	0.046	0.145	0.077	0.070	0.060	0.042	0.183	0.122

如表 5-9 所示，增加相应的控制变量后，MD&A 语调（$MD\&A\_Tone_t$）与 $CAR_{(-5,\ 5)}$ 和 $CAR_{(-5,\ 30)}$ 之间依旧显著正相关，如表 5-9 列（1）和列（2）所示。MD&A 语调（$MD\&A\_Tone_t$）与 $CAR_{(-5,\ 5)}$ 和 $CAR_{(-5,\ 30)}$ 之间依旧不显著，如表 5-9 列（1）和列（2）所示。且媒体关注度越高，MD&A 语调（$MD\&A\_Tone_t$）与累积超额收益率（$CAR_{(-5,\ 5)}$ 和 $CAR_{(-5,\ 30)}$）的正相关关系越显著，如表 5-9 中列（3）~列（6）所示。以上结果表示，MD&A 语调会引起显著的股票累积超额收益，但这一影响会随着时间的推移而逐渐减弱，且 MD&A 语调与股票累积超额收益之间的关系受大众媒体关注度影响，媒体关注度越高，MD&A 语调越能引起显著的股票累积超额收益。

5.6 进一步分析

5.6.1 股票信息环境质量

当股票市场信息环境较差时，信息传递效率低，投资者所获取的信息具有滞后性。因此 MD&A 部分所呈现的文本语调会对投资者认知产生即时性影响。但是，当股票市场信息环境良好时，信息传递效率高，投资者可以快速、及时甚至提前了解强制性信息披露以外的更多信息，公司内部与外部之间的信息不对称程度减弱，投资者对年报的依赖性减小。这种情况下，我们认为语调对股票市场反应的影响应受到限制。因此，我们在本部分将论证股票信息环境对 MD&A 语调与股票累积超额收益率的影响。

参考 Ben-Nasr & Ghouma（2018），本书使用 SPI 作为信息环境质量的代理变量。计算过程如下：

首先对股票 i 的周收益率进行回归并得到 R^2：

$$R_{i,w,t} = \beta_0 + \beta_1 \times R_{M,w,t} + \beta_2 \times R_{M,w-1,t} + \beta_3 \times R_{I,w,t} + \beta_4 \times R_{I,w-1,t} + \varepsilon_{i,w,t} \quad (5\text{-}10)$$

式（5-10）中，$R_{i,w,t}$ 为股票 i 在第 t 年第 w 周考虑现金红利再投资的收益率；$R_{M,w,t}$ 为 A 股所有股票在第 t 年第 w 周经流通市值加权的平均收益率；$R_{M,w-1,t}$ 为 A 股所有股票在第 t 年第 w–1 周经流通市值加权的平均收益率；$R_{I,w,t}$ 为按照 2012 年中国证监会行业分类标准，股票 i 在第 t 年第 w 周所在行业剔除股票 i 后的其他股票流通市值加权平均收益率；$R_{I,w-1,t}$ 为剔除股票 i 后第 t–1 周行业平均收益率。回归后得到式（5–10）的 R^2。进一步对 R^2 进行对数化处理，得到 SPI：

$$SPI = \ln[(1-R^2)/R^2] \tag{5-11}$$

式（5–11）中，SPI 表示股票的信息环境质量，SPI 值越高代表股票信息环境质量越好。

基于获取的股票的信息环境质量（SPI），将样本分为两组：低于 SPI 中位数的样本划分为低信息环境质量组，高于 SPI 中位数的样本划分为高信息环境质量组，并分别对两组样本进行回归分析。结果如表 5–10 所示。

如表 5–10 列（1）与列（3）所示，当股票信息环境质量较低时，MD&A 语调显著正向影响股票累积超额收益。当股票信息环境质量较高时，MD&A 语调与股票累积超额收益之间无显著相关性。这一结果表明，当股票信息环境较差时，投资者借以分析该股票的信息来源减少，因此更加依赖公司主动披露的信息。但是，当股票信息环境较好时，股票包含大量关于该公司的特征信息，公司与投资者间的信息不对称程度削弱，投资者对 MD&A 语调的依赖程度降低，因此 MD&A 语调对股票累积超额收益率的影响减弱。综上，MD&A 语调对股票累积超额收益率的影响受到信息环境的影响，股票信息环境越好、MD&A 语调对股票累积超额收益率的影响越弱；股票信息环境越差、MD&A 语调对股票累积超额收益率的影响越强。

表 5–10　股票信息环境对 MD&A 语调与累积超额收益率的影响

	（1）	（2）	（3）	（4）
	$CAR_{(-5,\ 5)}$	$CAR_{(-5,\ 5)}$	$CAR_{(-5,\ 30)}$	$CAR_{(-5,\ 30)}$
	SPI 低	*SPI* 高	*SPI* 低	*SPI* 高
$MD\&A\_Tone_t$	0.0857*	0.0523	0.2410***	0.0047
	（1.760）	（1.069）	（2.824）	（0.056）

续表

	(1)	(2)	(3)	(4)
	$CAR_{(-5,\ 5)}$	$CAR_{(-5,\ 5)}$	$CAR_{(-5,\ 30)}$	$CAR_{(-5,\ 30)}$
	SPI 低	*SPI* 高	*SPI* 低	*SPI* 高
$Size_t$	0.0402 (0.331)	−0.3651*** (−3.278)	−0.1733 (−0.797)	−1.1754*** (−5.259)
$Leverage_t$	0.7207 (1.244)	0.5484 (0.634)	0.9071 (0.848)	−0.5725 (−0.288)
MB_t	0.0103** (2.521)	0.0099* (1.881)	0.0132 (1.077)	−0.0244** (−2.325)
ROA_t	0.6012 (0.291)	12.7778** (2.355)	−0.4337 (−0.092)	17.7067 (1.549)
Year	Y	Y	Y	Y
Industry	Y	Y	Y	Y
Robust	Y	Y	Y	Y
Cluster	Y	Y	Y	Y
Constant	−0.3372 (−0.125)	5.3585** (2.192)	6.0217 (1.319)	27.1526*** (5.820)
Observations	4520	4551	4519	4546
R-squared	0.033	0.060	0.103	0.200

5.6.2 分析师关注度

证券分析师作为上市公司与投资者之间的信息中介，具有挖掘信息和解读信息的专业能力，为客户提供相应的盈利预测、目标价格以及买入卖出建议，向市场传递公司特质信息，缓解了投资者与公司之间的信息不对称问题（刘笑霞和李明辉，2018）。因此，为了进一步研究 MD&A 语调对股票累积超额收益的影响，本部分基于分析师跟踪数量的中值对原始研究样本进行分组，并重新估计模型（5–4）和模型（5–5），结果如表 5–11 所示。如表 5–11 列（1）和列（3）所示，当跟踪某公司的分析师数量较低时，MD&A 语调

（*MD&A_Tone*$_t$）与股票累积超额收益率（$CAR_{(-5,\ 5)}$ 和 $CAR_{(-5,\ 30)}$）之间无显著相关性。如表 5-11 列（2）和列（4）所示，当跟踪某公司的分析师数量较多时，MD&A 语调（*MD&A_Tone*$_t$）与股票累积超额收益率（$CAR_{(-5,\ 5)}$ 和 $CAR_{(-5,\ 30)}$）显著正相关。这一结果表明，与上文大众媒体关注度对 MD&A 语调与股票累积超额收益率的调节效应类似，年报发布上一年中分析师对某公司的关注度越多，MD&A 语调对股票累积超额收益率的影响越显著。出现这一结果的原因可能在于，根据投资者有限关注理论，由于有限的时间和资源约束，个人投资者很难直接从债券市场中选中目标企业。因此，投资者往往遵循“有限关注”驱动的投资模式——将投资范围锁定于引起他们关注的目标公司集合（Barber & Odean，1999）。信息对市场的影响是通过投资者实现的，只有被投资者关注到的信息才能通过交易行为的产生反应到股市，因此获得投资者的关注是市场反应的前提条件（Huberman & Regev，2001）。因此，上一年公司分析师关注度越高，投资者对该公司的关注度也越高，当本年度公司年报中 MD&A 文本呈现较积极的语调时，投资者对该语调的反应也越大。

表 5-11　分析师关注度对 MD&A 语调与累积超额收益率的影响

	（1）	（2）	（3）	（4）
	$CAR_{(-5,\ 5)}$	$CAR_{(-5,\ 5)}$	$CAR_{(-5,\ 30)}$	$CAR_{(-5,\ 30)}$
	跟踪分析师少	跟踪分析师多	跟踪分析师少	跟踪分析师多
MD&A_Tone	0.0171	0.0892**	0.0160	0.1722**
	（0.262）	（2.255）	（0.137）	（2.467）
Size	−0.3724**	−0.1296	−0.7931**	−0.7515***
	（−2.198）	（−1.515）	（−2.438）	（−4.686）
Leverage	0.4198	0.6775	−0.6420	0.3760
	（0.431）	（1.233）	（−0.328）	（0.321）
MB	0.0034	0.0126***	−0.0297**	0.0101
	（0.479）	（3.484）	（−2.108）	（0.882）
ROA	−1.7168	2.0102	−13.8049	2.6750
	（−0.235）	（0.847）	（−0.977）	（0.611）

续表

	(1)	(2)	(3)	(4)
	$CAR_{(-5,\ 5)}$	$CAR_{(-5,\ 5)}$	$CAR_{(-5,\ 30)}$	$CAR_{(-5,\ 30)}$
	跟踪分析师少	跟踪分析师多	跟踪分析师少	跟踪分析师多
Year	Y	Y	Y	Y
Industry	Y	Y	Y	Y
Robust	Y	Y	Y	Y
Cluster	Y	Y	Y	Y
Constant	7.0458^{*}	2.1111	19.0740^{***}	19.5034^{***}
	(1.931)	(1.034)	(2.786)	(5.603)
Observations	3116	5955	3115	5950
R-squared	0.044	0.050	0.152	0.145

5.6.3 宏观经济背景

根据 Gupta & Krishnamurti（2018），良好的宏观经济状况会促进公司收益的增长。因此本节以上证 A 股涨跌幅度为依据，对原始样本进行分组，将高于上证 A 股涨跌幅度中位数的样本划分为市场景气组，将低于上证 A 股涨跌幅度中位数的样本划分为市场不景气组，并对 MD&A 语调与累积超额收益率之间进行分组检验，结果如表 5-12 所示。

如表 5-12 列（1）和列（3）所示，当市场不景气时，MD&A 语调（$MD\&A\_Tone_t$）与股票累积超额收益率（$CAR_{(-5,\ 5)}$ 和 $CAR_{(-5,\ 30)}$）之间无显著相关性。如表 5-12 列（2）和列（4）所示，当市场景气时，MD&A 语调（$MD\&A\_Tone_t$）与股票累积超额收益率（$CAR_{(-5,5)}$ 和 $CAR_{(-5,30)}$）显著正相关。这一结果表明，当宏观经济运行良好时，股市的稳定增长有利于提升投资者对股票市场看涨的信心。这一背景下，MD&A 语调越积极，越容易吸引投资者增加持股量，同时促进观望者入市，MD&A 语调与股票累积超额收益率之间显著正相关。反之，当宏观经济下行时，不景气的股市会使投资者失去对股市大涨的信心，理性的投资者会选择撤离资金，股市很可能出现集体抛空的情况。这一背景下，MD&A 语调积极与否并不能对投资者的投资决策起到显著的影响，MD&A 语调与股票累积超额收益率之间无显著相关性。

表 5–12　宏观经济背景对 MD&A 语调与累积超额收益率的影响

	(1)	(2)	(3)	(4)
	$CAR_{(-5,\ 5)}$	$CAR_{(-5,\ 5)}$	$CAR_{(-5,\ 30)}$	$CAR_{(-5,\ 30)}$
	市场不景气	市场景气	市场不景气	市场景气
$MD\&A\_Tone_t$	−0.0131	0.1613***	−0.0332	0.2853***
	(−0.300)	(3.039)	(−0.425)	(2.999)
$Size_t$	0.1962*	−0.5096***	0.1268	−1.6839***
	(1.710)	(−4.547)	(0.638)	(−7.786)
$Leverage_t$	0.0553	0.9412*	1.8162	−0.6821
	(0.059)	(1.834)	(1.314)	(−0.491)
MB_t	0.0187	0.0062	0.0149	−0.0181*
	(1.219)	(1.468)	(0.457)	(−1.700)
ROA_t	11.0631	1.7063	39.0058***	−2.0922
	(1.430)	(0.795)	(3.019)	(−0.410)
Year/ Industry	Y	Y	Y	Y
Robust/ Cluster	Y	Y	Y	Y
Constant	−6.1757***	9.8174***	−7.6442*	39.2262***
	(−2.593)	(3.797)	(−1.829)	(8.257)
Observations	4599	4472	4594	4471
R-squared	0.023	0.054	0.031	0.176

5.7　小　结

本章以 2012~2018 年中国上市 A 股非金融公司为研究样本，通过测量公司年报中最具情感色彩的 MD&A 部分所呈现的 MD&A 语调，验证了 MD&A 语调对股票累积超额收益率的影响。实证结果表明，MD&A 语调会正向影响股票市场累积超额收益率，MD&A 的文本语调越积极、股票累积超额收益率越高。但是，这一影响会受到时间效应的限制，随着窗口期的拉伸，年报中 MD&A 语调对股票累积超额收益率的影响会逐渐减弱。这一结果表明，年报中的语调会影响投资者对公司的预期，使公司实际收益率偏离预期收益率，产生显著的股票市场异常反应，但这一影响具有时限性。随后，我们验证了媒体关注度对年报语调与累积超额收益率的影响，研究结果发现，媒体对企业重复、高频的报道会激发更多的市场关注，越受媒体关注的公司，越能获得显著的市场反应。上述结果均通过更换自变量、更换因变量与增加控制变量等稳健性检验。为了进一步探讨年报中 MD&A 语调对股票价格累积超额收益率的影响，本章分别进行了基于股价同步性、分析师关注度和宏观经济背景的分组检验。结果显示，当宏观经济运行良好、股票信息环境较差、分析师关注度较高时，MD&A 语调对股票累积超额收益率的正向影响越显著。

第6章 会计文本语调与股价崩盘风险

6.1 引 言

在第 5 章我们证实了投资者对管理层语调的短期一致性反应，那么反过来看，管理层是否会利用这一特点，出于利己动机策略性地披露会计文本语调，误导投资者对公司基本面的认知，产生股价崩盘风险呢?

股价崩盘主要指股价突然大幅度下跌的现象。这种非预期的股价“暴跌”给上市公司运营、投资者财富、资本市场平稳运行和实体经济健康发展造成了巨大的冲击和损害。在近年来中国股票市场大幅震荡、人民币汇率走弱、经济下行压力较大等背景下，如何识别和防范金融风险显得尤为重要。如 2.1.6 所述，现有关于股价崩盘风险影响因素的文献，主要关注微观财务数据和宏观经济数据等“硬信息”对公司债券融资成本的影响，而关于会计文本所呈现的文本语调等“软信息”如何影响股价崩盘风险的研究非常有限。已有大量学者充分验证了会计文本语调具有信息含量，并将其界定为无偏信息（Engelberg，2008；Henry，2008；Li，2010a，2010b；Davis et al.，2011，2012，2015；Loughran & McDonald，2011a，2011b，2015；Price et al.，2012；Agarwal et al.，2016；Brockman et al.，2017a，2017b；Fu et al.，2019；Jiang et al.，2019）。但是近年来的研究表明，管理层会出于利己动机策略性地披露会计文本语调，误导投资者对公司基本面的认知（Larker & Zakolyukina，2012；Huang et al.，2014b；Brockman et al.，2017a；Ahn et al.，2019）。例如，在公司发行新股或并购前，会计盈余报告的语调通常更为积极；在发放期权奖励前，会计文本语调则更为消极（Huang et al.，2014b）。管理层语调越积极，公司高管反而越倾向于抛售其持有的公司股份（Brockman et al.，2017a；曾庆生等，2018）。管理层薪酬也会影响高管对语调的管理（Arslan-Ayaydin et al.，2015）。根据 Huang et al.（2014b）、D'Augusta & DeAngelis（2017）等的研究，MD&A 语调包含了不被财务数据信息解释的异常语调。那么，在中国金融市场中，MD&A 中存在的异常语调与公司股票价格崩盘风险之间是否会有关联呢？

同时，独立审计作为公司治理的外部监督主体与保证机制，通过识别财务报告中误导性和虚假性陈述，出具相应的审计意见，有效改善管理层和外部投资者之间的信息不对称问题（Stanley et al.，2009），约束和监督了管理层机会主义行为（Bushman & Smith，2001）。审计报告提供的大多是基于通用模板的"结构化"句子，如"我们相信，我们获取的审计证据是充分、适当的，为发表审计意见提供了基础"。但是，审计报告中也有部分"非结构化文字表达"，如"上述事项对贵公司的持续经营能力产生重大影响，从而我们对贵公司的持续经营能力存在疑虑"。也就是说，审计报告中除了程序化的语言，还包含具有浓郁语言色彩的文本语调。审计师在非结构化信息中通过文本语调的方式向外部传递了其对被审计公司的观点和看法，是结构化审计意见的有益补充。因此，审计报告呈现的情感倾向是否也会影响股价未来的崩盘风险和管理层语调信息含量呢？

基于上述分析，我们提出如下三个问题：①上市公司管理层是否会通过文本语调管理增加公司未来股价崩盘风险？②积极的审计报告语调是否预示着公司未来股价崩盘风险较低？③审计报告语调是否会影响公司高管语调操纵行为？

本章首先提取 2012~2017 年中国 A 股上市公司年报中管理层讨论与分析部分，分析其呈现的异常文本语调对公司未来股价崩盘风险的影响。经研究发现，异常的 MD&A 语调越积极，公司未来股价崩盘风险越高。且相较于文本可读性，异常语调对股价未来崩盘风险的解释力度更强。其次，本章同时提取了 2012~2017 年中国 A 股上市公司年报中审计报告部分，验证审计报告呈现的文本语调对股价崩盘风险产生的影响。我们发现，审计报告语调越积极，公司股价崩盘的可能性越小；拥有积极审计报告语调的上市公司，其 MD&A 异常语调引发股价崩盘风险的可能性也越低。在稳健性检验部分，我们重新定义了股价崩盘风险的计算区间、更换了管理层语调衡量方法后发现，本章的研究结果依旧成立。

本章的主要贡献包括如下几个方面：

（1）本章扩展了会计文本语调影响效应的研究。已有关于公司披露信息文本语调对资本市场的影响研究，大多集中于公司未来盈余（Li，2010b；Loughran & Mcdonald，2011；谢德仁和林乐，2015）、股票交易量（Price et al.，2012）、股价波动性（Kothari et al.，2009；Yan et al.，2019）、股票累积超额收益（Feldman et al.，2010；Davis et al.，2015；林乐和谢德仁，2016）、IPO 抑价（Ferris et al.，2013；Jegadeesh & Wu，2013）、市场异象（Feldman et al.，2010）等方面。仅有一篇文章验证了美国上市公司电话会议呈现的管理层语调具有预测股价崩盘风险的能力，管理层语调比较消极的公司，未来股价崩盘风险更高（Fu et al.，2019）。Fu et al.（2019）认为电话会议语调传递的信息是无偏的。但是通过使用中国会计文本语调进行研究，我们发现，MD&A 异常语调越积极，公司未来股价崩盘风险越高。我们的结论直接证明了中国上市公司高管确实通过会计文本语调进行了盈余管理行为。

（2）本章扩展了会计文本语调研究范围，开创性地论证了审计报告文本语调财务信息鉴证能力和管理层语调操纵约束作用。已有关于公司公开披露的会计文本研究样本主要包括：①公司年报、季报或 MD&A（Loughran & McDonald，2011a，2011b，2015；曾庆生等，2018；Jiang et al.，2019）。②盈余报告（Henry，2006，2008；Davis et al.，2011；Huang et al.，2014b）。③电话会议（Price et al.，2012；Brockman et al.，2015，2017a，2017b；Jiang et al.，2019）。④业绩说明会问答平台（谢德仁和林乐，2015，2017；甘丽凝等，2019）。⑤招股说明书（Ferris et al.，2013；Loughran & McDonald，2013b）

等。尚无文献讨论审计报告语调对股票市场反应的影响。独立审计作为重要的公司外部治理与监督机制，可以有效改善信息不对称问题，约束管理层机会主义行为。且审计报告呈现的“非结构化”文本语调作为审计意见的有益补充，其信息价值非常具有研究意义。本章通过量化和分析审计报告语调，发现审计报告语调越积极，公司未来股价崩盘风险越小，管理层语调操纵动机越弱。在进一步分析中，我们发现支付审计费用较高的公司，审计报告语调对管理层语调操纵的抑制作用更加强烈。上述研究结果在丰富会计文本语调理论研究的同时，也为有效管理公司高管文本信息披露、降低股价崩盘风险提供了思路。

（3）我们创新性地对文本可读性和文本语调对股价崩盘风险的影响能力进行了对比分析。研究发现，即使加入被大量文献广泛讨论的会计文本特征——文本可读性（Li，2008；Lo et al.，2017）），MD&A 语调对股价崩盘风险的影响依旧显著，MD&A 语调中包含了独特的、不可取代的信息；但是，当解释股价崩盘风险的回归模型中加入 MD&A 语调后，文本可读性对股价崩盘风险的影响不再显著。这一结果表明文本可读性对股价崩盘风险的解释能力被 MD&A 语调弱化，相较于管理层讨论与展望的书写长度，公司高管更多使用文本语调进行信息修饰、隐藏等机会主义行为。

本章的结构如下：6.2 提出并阐述研究假设，6.3 详细介绍本章的研究设计，6.4、6.5 对实证结果和稳健性分别进行讨论和检验，6.6 进行进一步的分析与讨论，6.7 对本章进行简单总结。

6.2 研究假设

MD&A 作为公司年报最重要的内容之一，是管理层对公司过去经营情况的说明和未来发展的展望，有助于投资者从管理层角度了解公司的经营状况，为外部投资者提供了了解企业现状和预测未来的增量信息，缓解了投资者与上市公司之间的信息不对称（Bryan，1997；Muslu et al.，2014）。MD&A 提供的增量信息不仅使投资者更加准确地预估公司未来的业绩（Cole & Jones，2004）和股票价格（Eli & Baruch，1996），而且有助于分析师提高预测准确性、降低分析师预测误差（Clarkson et al.，1999；Barron et al.，1999）。MD&A 作为公司年报中财务数据的定性补充，是公司年报中语言色彩最浓郁的部分，积极的 MD&A 语调会促使公司未来盈余显著增加（Demers & Vega，2011），通过向市场提供无偏的信号来增强公司信息披露质量（Henry，2008；Davis et al.，2012）。在中国，“说话听声、锣鼓听音”的高语境文化背景下（Hall，1976），不具备专业财务分析能力的中小投资者对管理层语调更加敏感。因此，MD&A 语调越积极，管理层对公司过去经营状况越满意，对公司未来发展越看好。

但是，作为文本信息，MD&A 本质上仍属于自愿性披露的信息，管理层出于个人机会主义动机可能会通过多种途径进行策略性信息披露（Ball，2009；Kim et al.，2011；Xu et al.，2014）。如使用复杂的词语或语句降低信息的可读性（Li，2008；Lo et al.，2017）、夸大好的信息或掩盖坏的信息（Huang et al.，2014b；Arslan-Ayaydin et al.，2016；曾庆生等，2018）等。并且与发达市场相比，中国市场管理者面临的外部监管约束相对较弱（Jiang & Kim，2015），管理层操纵披露信息的空间也较大。由此可见，管理层出于股权激励（Kim et al.，2011；Xu et al.，2014）、职位声誉（Ball，2009）等动机倾向于隐藏公司的负面信息，而文本语调操纵则是更加隐蔽的管理层机会主义手段。但是，当负面信息累积到一定程度，隐藏信息的成本远大于收益，管理层会放弃负面信息的隐藏，使得负面信息集中释放到市场，导致股票价格急剧下跌，引发股价崩盘（Jin & Myers，2006）。同时，根据 Huang et al.（2014b）、D’Augusta & DeAngelis（2017）等的研究，MD&A 语调包含了不被财务数据信息解释的异常语调。因此，我们认为，当管理层隐藏的坏信息越多时，积极 MD&A 的语调越不能被公司基本面所解释，MD&A 语调越异常积极，上市公司股价崩盘的风险越高。基于上述分析，我们提出如下假设：

假设 6-1：MD&A 呈现的异常语调越积极，公司股价崩盘风险越高。

审计报告提供的大多是程式化的文字信息，如“管理层对财务报表的责任”和“注册会计师的责任”大多使用样板式的文字和标准化的语句，并不具有信息价值。但审计报告中其他部分，如“与持续经营相关的重大不确定性”“关键审计事项”“强调事项”等，充分反映了注册会计师对公司运营和财务状况的看法，具有丰富的信息价值。如江苏中达新材料集团股份有限公司 2012 年年度报告中审计报告部分列示的强调事项部分：“我们提醒财务报表使用者关注，如财务报表附注十（一）所述：……破产重整申请能否受理、何时能受理及重整方案等均存在重大不确定性。且我们无法获取充分、适当的审计证据判断贵公司重整能否成功，成功后能否有效改善贵公司的持续经营能力。上述事项对贵公司的持续经营能力产生重大影响，从而我们对贵公司的持续经营能力存在疑虑。贵公司已在财务报表附注十（一）中披露了拟采取的改善措施，但其持续经营能力仍然存在重大不确定性。”由此可见，审计报告中除了程序化的语言，还包含具有浓郁语言色彩的文本语调。审计师在非结构化信息中通过文本语调的方式向外部传递了其对被审计公司的观点和看法，是结构化审计意见的有益补充。

进一步，独立审计作为公司治理的外部监督主体与保证机制，旨在缓解代理问题和降低代理成本，约束管理层的机会主义行为（Watts & Zimmerman，1983）。公司治理较好的上市公司往往得益于独立审计（Fan & Wong，2005）。独立审计可以有效改善管理层和外部投资者之间的信息不对称问题（Stanley et al.，2009），有利于投资者监督管理层机会主义行为（Bushman & Smith，2001）。也就是说，独立审计通过识别财务报告中的误导性和虚假性陈述，出具相应的审计意见，以发挥其监督作用，增加了管理层隐藏负面信息的成本，降低了信息不对称程度，从而降低负面信息累积可能引发的股价崩盘风险。

审计师在审计报告中出具的标准或非标准审计意见，可以用来解释公司隐藏坏消息的程度，非标准的审计意见代表着公司隐藏坏消息的可能性较高（Li & Zhan，2015；Cao et al.，2016）。那么，作为审计意见的非结构化补充，审计报告呈现的文本语调也可以有效预测公司未来面临的股价崩盘风险。具体而言，如果审计报告的语调是积极的，表明公司财务报告是公允合理的；如果审计报告是消极的，则表明公司的实际财务状况并没有得到公允合理的反应，公司高管可能隐瞒了重要的公司内部财务信息。因此相较于具有积极审计报告的上市公司，拥有消极审计报告的上市公司财务信息隐瞒的可能性越大，公司未来股价崩盘风险越高。因此，我们认为，上市公司拥有的审计报告语调越积极，该上市公司未来股价崩盘的可能性越小。基于上述分析，我们提出如下假设：

假设 6–2：审计报告的语调越积极，公司股价崩盘风险越低。

如上所述，积极或消极的审计报告语调代表了上市公司的财务信息披露质量。那么，审计报告呈现的文本语调可以影响公司文本信息的披露质量吗？

按照银监会颁布《公开发行证券的公司信息披露内容与格式准则第 2 号——年度报告的内容与格式》的设想，MD&A 作为公司管理层对于公司过去经营状况的分析总结和对公司未来发展前景的展望，是对公司年报中财务数据的一种定性补充。但是，已有研究证明，上市公司在披露 MD&A 过程中，会通过语调修饰的方法，夸大对公司有利的信息并弱化对公司不利的信息（Huang et al.，2014b；D’Augusta & DeAngelis，2017）。同时，较差的财务信息披露质量会为管理层编写 MD&A 时提供隐瞒负面信息的“保护伞”，反之，较好的财务信息质量则会压缩管理层信息隐瞒的可操纵空间（Cao et al.，2016）。因此，作为财务信息质量的“鉴别者”，审计师出具的审计报告会影响 MD&A 文本语调操纵现象，审计报告语调越消极，上市公司修饰 MD&A 语调的可操作空间越小，MD&A 异常语调与公司未来股价崩盘风险之间的正相关关系越弱。基于上述分析，我们提出如下假设：

假设 6–3：审计报告语调越积极，管理层语调操纵动机越弱。

6.3 研究设计

6.3.1 样本选择与数据来源

为了研究 MD&A 语调对股价崩盘风险的影响，本章的初始样本涵盖了2012~2018 年上海证券交易所 A 股市场上市的所有非 ST 公司。由于我们根据当年的文本语调解释下一年的股价崩盘程度，因此解释变量的样本区间为2012~2017 年，股价崩盘风险的样本区间为 2013~2018 年。与第 5 章类似，本章依旧剔除金融业企业以及主要变量缺失的样本。并为了排除极端值对研究结果的影响，对所有连续变量进行前后 1% 水平的缩尾处理。行业划分依据为证券会的行业分类指导标准，由于制造行业占总样本比例过高，按其二级行业进行分类，其他行业则全部按照其大类进行分类。共计 20 个行业。

6.3.2 变量测量

6.3.2.1 股价崩盘风险

借鉴 Chen et al.（2001）和 Kim et al.（2011a，2011b），本章采用负收益偏态系数（*Ncskew*）和收益上下波动率（*Duvol*）度量股价崩盘风险。我们先建立如下模型计算股票 i 第 t 周的特有收益率 $W_{i,t}$：

$$R_{i,t}=\alpha_1+\beta_1\times R_{m,t-2}+\beta_2\times R_{m,t-1}+\beta_3\times R_{m,t}+\beta_4\times R_{m,t+1}+\beta_5\times R_{m,t+2}+\varepsilon_{i,t} \quad (6\text{–}1)$$

式（6–1）中，$R_{i,t}$ 为股票 i 在第 t 周的收益率，$R_{m,t}$ 为第 t 周经流通市值加权的市场周收益率。同时，为了控制股票交易非同步性对其收益率特征的影响（Dimson，1979），我们在模型（6–1）中加入了市场回报率的滞后项和超前项（各两期）。

进一步，定义股票 i 在第 t 周的特有收益率：

$$W_{i,t}=\ln(1+\varepsilon_{i,t}) \tag{6-2}$$

式（6-2）中，$\varepsilon_{i,t}$为回归方程（6-1）的残差。在资本市场相对有效的条件下，$W_{i,t}$是无偏的，即其上升或者下降的概率是相同的、上升或者下降的幅度也是可比的。根据 Jin & Myers（2006）和 Hutton et al.（2009），股价崩盘主要是管理层隐藏的公司坏消息累积到一定程度时突然释放导致的，此时公司特有收益的分布特征会偏离正常正态分布。也就是说，公司负面消息被管理层隐藏起来，这导致市场接收到的关于公司的消息多为积极信息，因此 $W_{i,t}$ 大多数情况处于上升阶段，即 $W_{i,t}$ 大于 0 的概率大于其小于 0 的概率；但是，累积的坏消息突然披露到市场时，股价迅速大幅下跌，因此 $W_{i,t}$ 此时的下跌幅度会远大于其上升时期的平均涨幅。基于此，构成如下两个衡量股价崩盘风险的变量：负收益偏态系数（*Ncskew*）：

$$Ncskew_{i,t}=-\left[n(n-1)^{3/2}\sum W_{i,t}^{3}\right]/\left[(n-1)(n-2)\left(\sum W_{i,t}^{2}\right)^{3/2}\right] \tag{6-3}$$

式（6-3）中，n 表示股票 i 在第 t 年存在交易的周数。$Ncskew_{i,t}$ 数值越大，$W_{i,t}$ 左偏的程度越严重，股价崩盘风险越大。

收益上下波动率（*Duvol*）：

$$Duvol_{i,t}=\log\left\{\left[(n_{up}-1)\sum_{DOWN}W_{i,t}^{2}\right] \mid \left[(n_{DOWN}-1)\sum_{DOWN}W_{i,t}^{2}\right]\right\} \tag{6-4}$$

式（6-4）中，n_{up}（n_{DOWN}）为股票 i 的周特有收益率 $W_{i,t}$ 大于（小于）年平均收益率的周数。$Duvol_{i,t}$ 的数值越大，$W_{i,t}$ 左偏的程度越严重，股价崩盘风险越大。

6.3.2.2　MD&A 异常语调

Huang et al.（2014b）认为，MD&A 语调包含两部分内容：①可以被公司财务业绩表现解释的正常语调。②不能被公司基本面信息解释的异常语调。我们参考 Huang et al.（2014b）和 Arslan-Ayaydin et al.（2015），提取不能被公司财务信息解释的异常语调（*Abnormal_Tonet*）作为年报中管理层异常语调的代理变量。

异常语调（*Abnormal_Tonet*）的计算方法如下：

$$MD\&A\_Tone_{i,t} = \alpha + \beta Controls_{i,t} + \varepsilon_{i,t} \quad (6\text{-}5)$$

式（6-5）中，$Controls_{i,t}$包括净资产收益率、股票收益率、股票波动率、公司规模、账面市值比率、杠杆率、净资产收益率标准差等。残差 $\varepsilon_{i,t}$即为不能被公司基本面信息解释的管理层异常语调（$Abnormal\_Tone_t$）。

6.3.2.3 审计报告语调

由于审计报告含有大量标准化程序式语言[①]，我们先对审计报告进行预先清洗，删除其中的程序化语句，随后基于第 3 章构建的情感词典，对审计报告语调进行量化，最后获得审计报告语调（$Audit\_Tone_t$）。

6.3.2.4 控制变量

根据已有文献（Chen et al.，2001 ；Huttonet al.，2009 ；Li & Zhan，2019），我们控制了可能影响股价崩盘风险的变量。我们先对股票特征进行控制，包括月平均超额换手率的逐年变化（$Dturn_t$），即公司当年的月平均换手率减去上一年的月平均换手率，其中月换手率等于每月的交易股数占每月的流通股数的比例。此外，由于收益率偏态可能是序列相关，我们所有的回归都包含了滞后一期的负收益偏态系数。为了解释偏态与波动性的相关性，我们还在控制变量中包含了周特有收益率的年标准差（$Sigma_t$）。同时，由于股票回报率可以预测公司股价偏态程度，我们在模型中也加入了周股票特有收益的年平均值（RET_t）。进一步，我们对公司特征进行了控制，包括公司规模（$Size_t$），公司总资产的自然对数；资产负债率（$Leverage_t$），公司总负债与总资产之比；总资产收益率（ROA_t），公司净利润与总资产之比；账面市值比（BM_t），公司账面权益价值与公司总市值之比。最后，为了进一步控制

① 如："我们相信，我们获取的审计证据是充分、适当的，为发表审计意见提供了基础"，"在进行风险评估时，注册会计师考虑与财务报表编制和公允列报相关的内部控制，以设计恰当的审计程序，但目的并非对内部控制的有效性发表意见"，"由于舞弊可能涉及串通、伪造、故意遗漏、虚假陈述或凌驾于内部控制之上，未能发现由于舞弊导致的重大错报的风险高于未能发现由于错误导致的重大错报的风险"等。

宏观因素对股价崩盘风险的影响，我们选择在模型中加入年份和行业的虚拟变量。

6.3.3 实证模型

为了验证假设 6–1，我们构建了如下模型：

$$Crash_{i,t+1} = \alpha_0 + \alpha_1 Abnormal\_Tone_{i,t} + \gamma \sum Controls_{i,t} + \sum Industry + \sum Year + \varepsilon_{i,t+1} \quad (6\text{–}6)$$

式（6–6）中，$Crash_{i,t+1}$ 用公司 i 在 t+1 年的 *Ncskew* 和 *Duvol* 衡量，$Abnormal\_Tone_{i,t}$ 代表公司 i 第 t 年年报中 MD&A 呈现出的异常语调，$Controls_{i,t}$ 为控制变量，*Industry* 为行业哑变量，*Year* 为年份哑变量。如果 α_1 显著为正，假设 6–1 成立，MD&A 异常语调越积极，公司股价未来崩盘可能性越大。

为了验证假设 6–2，我们采用以下模型来验证审计报告语调对公司未来股价崩盘风险的影响：

$$Crash_{i,t+1} = \alpha_0 + \alpha_1 Audit\_Tone_{i,t} + \gamma \sum Controls_{i,t} + \sum Industry + \sum Year + \varepsilon_{i,t+1} \quad (6\text{–}7)$$

式（6–7）中，$Crash_{i,t+1}$ 用公司 i 在 t+1 年的 *Ncskew* 和 *Duvol* 衡量，$Audit\_Tone_{i,t}$ 代表公司 i 第 t 年年报中审计报告部分的文本语调，$Controls_{i,t}$ 为控制变量，*Industry* 为行业哑变量，*Year* 为年份哑变量。如果 α_1 显著为负，假设 6–2 成立，审计报告语调越积极，公司股价未来崩盘可能性越小。

为了验证假设 6–3，我们采用以下模型来验证审计报告语调对 MD&A 语调与股价崩盘风险之间的影响：

$$Crash_{i,t+1} = \alpha_0 + \alpha_1 Abnormal\_Tone_{i,t} + \alpha_2 Audit\_Tone_{i,t} + \alpha_3 Abnormal\_Tone_{i,t} \times Audit\_Tone_{i,t} + \gamma \sum Controls_{i,t} + \sum Industry + \sum Year + \varepsilon_{i,t+1} \quad (6\text{–}8)$$

式（6–8）中，$Crash_{i,t+1}$ 用公司 i 在 t+1 年的 *Ncskew* 和 *Duvol* 衡量，$Abnormal\_Tone_{i,t}$ 代表公司 i 第 t 年年报中管理层讨论与展望部分的异常文本语调，$Audit\_Tone_{i,t}$ 代表公司 i 第 t 年年报中审计报告部分的文本语调，$Controls_{i,t}$

为控制变量，*Industry* 为行业哑变量，*Year* 为年份哑变量。如果 α_1 显著为正，α_3 显著为负，审计师报告语调越积极，公司财务信息披露质量越被认可，MD&A 语调可修饰空间越小，公司股价未来崩盘可能性越低，假设 6–3 成立；如果 α_1 显著为负，α_3 显著为负，审计师报告越积极，公司财务信息披露质量越被认可，积极的 MD&A 语调抑制股价崩盘风险的能力越强，假设 6–3 不成立。

6.4　实证结果分析

6.4.1　描述性统计分析

表 6–1 列示了总样本的描述性统计结果。包括负收益偏态系数（$Ncskew_{t+1}$）、收益率上下波动（$Duvol_{t+1}$）、MD&A 异常语调（$Abnormal\_Tone_t$）、审计报告语调（$Audit\_Tone_t$）和控制变量（$Dutrn_t$、Ret_t、$Sigma_t$、Lag_Ncskew_t、$Size_t$、$Leverage_t$、MB_t、ROA_t）的汇总统计。我们分别对所有变量的平均值（Mean）、中位数（P50）、标准差（S.D.）和峰值（最小值 Min、最大值 Max）进行计算。

从全样本来看，负收益偏态系数（$Ncskew_{t+1}$）和收益率上下波动（$Duvol_{t+1}$）的均值分别为 –0.2603 和 –0.1741，标准差分别为 0.6543 和 0.4754，与孟庆斌等（2017）的研究类似。MD&A 异常语调（$Abnormal\_Tone_t$）的均值和标准差分别是 0.0000、2.8480，最小值、中位数和最大值分别为 –5.0565、–0.6033 和 37.9701，A 股上市公司高管对公司普遍持乐观态度。审计报告语调（$Audit\_Tone_t$）的均值和标准差分别为 –0.0667、0.0531，最小值、中位数和最大值分别 –0.1714、–0.0635 和 0.0687，审计师对 A 股上市公司财务报告则普遍持悲观态度。在文本语调的量化中，MD&A 和审计报告都存在较大的不同，重复保证了变量的差异性，为本部分的计量分析提供了基础保障。

对于控制变量，公司规模（$Size_t$）均值为 22.1620，中位数为 22.0194。负债率（$Leverage_t$）的均值和中位数分别为 0.4488 和 0.4437。ROA_t 的均值为 0.0126，中位数是 0.0072。$Dturn_t$ 均值为 –0.0563，Ret_t 均值为 –0.1285，$Sigma_t$ 均值为 0.0475。

表 6–2 报告了各变量之间的相关系数。如表 6–2 所示，$Abnormal\_Tone_t$ 与 $Ncskew_t$ 和 $Duvol_t$ 显著正相关，MD&A 语调越异常积极，股票价格崩盘风险越高，初步验证了假设 6–1。$Audit\_Tone_t$ 与 $Ncskew_{t+1}$ 和 $Duvol_{t+1}$ 显著负相关，审计报告语调越积极，公司未来股票价格崩盘的可能性越低，一定程度上证实了假设 6–2。大多数控制变量均与股价崩盘风险的两个代理变量 $Ncskew_{t+1}$ 和 $Duvol_{t+1}$ 呈现显著的相关关系，进一步说明了模型设定中加入这些控制变量的必要性。

表 6–1 描述性统计

Variable	N	Mean	S.D.	Min	P25	P50	P75	Max
$Ncskew_{t+1}$	9558	–0.2603	0.6543	–2.2930	–0.6230	–0.2173	0.1552	1.3495
$Duvol_{t+1}$	9496	–0.1741	0.4754	–1.3479	–0.4886	–0.1766	0.1487	1.0084
$Abnormal\_Tone_t$	8687	0.0000	2.8480	–5.0565	–1.7862	–0.6033	1.0454	37.9701
$Audit\_Tone_t$	8169	–0.0667	0.0531	–0.1714	–0.0646	–0.0635	–0.0588	0.0687
$Dturn_t$	9341	–0.0563	0.3660	–1.3055	–0.2357	–0.0341	0.1355	0.8981
Ret_t	9499	–0.1285	0.1068	–0.5671	–0.1650	–0.0948	–0.0560	–0.0137
$Sigma_t$	9499	0.0475	0.0188	0.0167	0.0338	0.0439	0.0579	0.1072
Lag_Ncskew_t	9557	–0.2715	0.6481	–2.2859	–0.6282	–0.2189	0.1494	1.2197
$Size_t$	9528	22.1620	1.3147	19.4357	21.2236	22.0194	22.9831	25.8231
$Leverage_t$	9528	0.4488	0.2213	0.0477	0.2702	0.4437	0.6172	0.9668
MB_t	9126	2.2425	2.2041	0.1945	0.8601	1.5866	2.7960	13.3713
ROA_t	9558	0.0126	0.0243	–0.0474	0.0013	0.0072	0.0173	0.1155

资料来源：通过 Stata 计算整理。

表 6-2 相关系数矩阵

	$Ncskew_{t+1}$	$Duvol_{t+1}$	$Abnormal\_Tone_t$	$Audit\_Tone_t$	$Dturn_t$	Ret_t	$Sigma_t$	Lag_Ncskew_t	$Size_t$	$Leverage_t$	MB_t	ROA_t
$Ncskew_{t+1}$	1											
$Duvol_{t+1}$	0.868^{***}	1										
$Abnormal\_Tone_t$	0.068^{***}	0.066^{***}	1									
$Audit\_Tone_t$	-0.021^{*}	-0.026^{**}	0.075^{***}	1								
$Dturn_t$	-0.084^{***}	-0.099^{***}	-0.069^{***}	-0.038^{***}	1							
Ret_t	0.049^{***}	0.056^{***}	−0.000	0.033^{***}	−0.0110	1						
$Sigma_t$	-0.037^{***}	-0.044^{***}	0.0008	-0.031^{***}	0.022^{**}	-0.975^{***}	1					
Lag_Ncskew_t	0.085^{***}	0.084^{***}	0.082^{***}	0.022^{**}	-0.049^{***}	-0.066^{***}	0.077^{***}	1				
$Size_t$	-0.142^{***}	-0.156^{***}	−0.000	0.119^{***}	0.073^{***}	0.282^{***}	-0.319^{***}	-0.179^{***}	1			
$Leverage_t$	-0.069^{***}	-0.077^{***}	−0.000	-0.045^{***}	0.088^{***}	0.071^{***}	-0.079^{***}	-0.094^{***}	0.443^{***}	1		
MB_t	0.123^{***}	0.116^{***}	0.000	-0.093^{***}	0.036^{***}	-0.123^{***}	0.145^{***}	0.121^{***}	-0.556^{***}	-0.351^{***}	1	
ROA_t	0.000	0.003	0.000	-0.021^{*}	-0.094^{***}	0.047^{***}	-0.042^{***}	0.037^{***}	-0.043^{***}	-0.294^{***}	0.003	1

注：*、** 和 *** 分别表示变量在 10%、5% 和 1% 的水平上显著。

资料来源：通过 Stata 计算整理。

6.4.2　MD&A 异常语调与股价崩盘风险

为了检验公司高管是否存在语调操纵行为，我们对 MD&A 异常语调与公司未来股价崩盘风险进行了回归检验，表 6–3 展示了回归结果。

表 6–3 列（1）与列（2）分别列示了 MD&A 异常语调（$Abnormal\_Tone_t$）与负收益偏态系数（$Ncskew_t$）和收益率上下波动（$Duvol_t$）的回归结果，MD&A 异常语调（$Abnormal\_Tone_t$）与负收益偏态系数（$Ncskew_{t+1}$）和收益率上下波动（$Duvol_{t+1}$）均在 1% 的水平上显著正相关。MD&A 异常语调越积极，上市公司股票价格未来崩盘风险越高。此外，参考 Li（2008）和 Lo et al.（2017），我们将文本可读性[①]包含在模型中。在表6–3列（3）和列（4）中，我们分别回归了 MD&A 文本可读性（$Readability_t$）与负收益偏态系数（$Ncskew_{t+1}$）和收益率上下波动（$Duvol_{t+1}$），结果显示与 Li（2008）和 Lo et al.（2017）一致，文本可读性越低（文本句子越长），公司股价崩盘风险越高；在表 6–3 列（3）和列（4）的基础上，在表 6–3 列（5）和列（6）中，我们加入了MD&A呈现的异常文本语调，结果发现模型中加入$Abnormal_Tone_t$后，文本可读性与公司股价崩盘风险之间的正相关关系不再显著，但 MD&A 异常语调依旧显著正向影响公司股价崩盘风险。这一结果一方面表示，即使加入被大量文献广泛讨论的会计文本特征——文本可读性，MD&A 异常语调对股价崩盘风险的影响依旧显著，MD&A 异常语调包含了独特的、不可取代的信息；另一方面解释股价崩盘风险的回归模型加入异常语调后，文本可读性对股价崩盘风险的影响不再显著，这表明文本可读性对股价崩盘风险的解释能力被 MD&A 异常语调弱化，相较于管理层讨论与展望的书写长度，公司高管更多使用文本语调进行信息修饰、隐藏等机会主义行为。

根据表 6–3 的结果可知，控制变量的系数与以往的研究是一致的。具体而言，公司收益率（$Sigma_t$）与股价崩盘风险显著正相关，说明高收益公司

---

① 参考 Li（2008）和 Lo et al.（2017），文本可读性又被称为迷雾指数，等于文本句子个数加 1 的对数。因此，本部分 MD&A 可读性（*Readability*）为 MD&A 所包含的句子个数加 1 的对数。

的股价发生崩盘的可能性更高（Chen et al.，2001）。公司规模与股价崩盘风险呈显著负相关关系，与孟庆斌等（2017）的结果一致，小规模的上市公司面临的股价崩盘风险更高。公司市值账面比越高，股价崩盘风险越高，这说明成长型公司的股票价格存在被夸大的现象，因此成长型股票的价格更容易崩盘（Li & Zhan，2019）。与预期一致，杠杆率较高的企业面临的崩盘风险也越大。我们还发现，股价崩盘风险与公司过去的盈利水平（ROA_t）显著正相关，这一结果与 Chen et al.（2001）一致。Chen et al.（2001）认为，公司隐瞒了对其不利的信息，导致利润和股价虚高。同时，上市公司上一年的负收益偏态系数也会显著影响该公司本年股票价格发生崩盘的可能性，公司过去的崩盘风险会渗透到公司未来的股票价格中（Chen et al.，2001；Hutton et al.，2009）。

表 6-3　MD&A 异常语调与股价崩盘风险回归分析结果

	$Ncskew_{t+1}$	$Duvol_{t+1}$	$Ncskew_{t+1}$	$Duvol_{t+1}$	$Ncskew_{t+1}$	$Duvol_{t+1}$
	（1）	（2）	（3）	（4）	（5）	（6）
$Abnormal\_Tone_t$	0.0095***	0.0065***			0.0083***	0.0062***
	（3.851）	（3.786）			（2.783）	（3.003）
$Readability_t$			−0.0076	−0.0155	−0.0063	−0.0146
			（−0.365）	（−0.976）	（−0.304）	（−0.915）
$Dturn_t$	1.1772***	0.7113***	1.2207***	0.7464***	1.1919***	0.7271***
	（3.850）	（3.112）	（3.956）	（3.238）	（3.861）	（3.156）
RET_t	0.1057	−0.3177	0.2836	−0.1601	0.1608	−0.2388
	（0.061）	（−0.244）	（0.161）	（−0.122）	（0.092）	（−0.182）
$Sigma_t$	0.0477***	0.0378***	0.0489***	0.0389***	0.0473***	0.0377***
	（4.173）	（4.627）	（4.266）	（4.758）	（4.135）	（4.611）
Lag_Ncskew_t	−0.0767***	−0.0609***	−0.0798***	−0.0630***	−0.0774***	−0.0612***
	（−9.156）	（−9.985）	（−9.455）	（−10.168）	（−9.101）	（−9.825）
$Size_t$	0.1220***	0.0826***	0.1376***	0.0932***	0.1253***	0.0845***
	（2.985）	（2.694）	（3.353）	（3.028）	（3.048）	（2.739）
$Leverage_t$	0.0202***	0.0113***	0.0192***	0.0106***	0.0202***	0.0113***
	（4.681）	（3.395）	（4.420）	（3.147）	（4.667）	（3.379）

续表

	$Ncskew_{t+1}$	$Duvol_{t+1}$	$Ncskew_{t+1}$	$Duvol_{t+1}$	$Ncskew_{t+1}$	$Duvol_{t+1}$
	(1)	(2)	(3)	(4)	(5)	(6)
MB_t	1.4502***	0.7398***	1.5571***	0.8243***	1.4950***	0.7772***
	(3.767)	(2.729)	(4.049)	(3.048)	(3.893)	(2.878)
ROA_t	1.4416***	0.7339***	1.5571***	0.8243***	1.4874***	0.7716***
	(3.182)	(1.937)	(3.461)	(2.255)	(3.314)	(2.085)
Year	Y	Y	Y	Y	Y	Y
Industry	Y	Y	Y	Y	Y	Y
Robust	Y	Y	Y	Y	Y	Y
Cluster	Y	Y	Y	Y	Y	Y
Constant	1.3221***	1.0852***	1.3537***	1.1085***	1.3265***	1.0877***
	(6.761)	(7.513)	(6.883)	(7.606)	(6.725)	(7.450)
Observations	8459	8457	8440	8438	8435	8433
R-squared	0.093	0.087	0.092	0.086	0.093	0.087

注：括号内为 T 值；*、** 和 *** 分别表示变量在 10%、5% 和 1% 的水平上显著；Y 表示已控制、N 表示未控制。余表同。

进一步，我们缩短股价崩盘风险的估计区间，探索管理层语调隐藏的信息是否会在更早期显现。具体而言，我们分别将股价崩盘风险的估计区间缩短至 39 周和 28 周，回归结果如表 6-4 所示，当 MD&A 异常语调与股价崩盘风险的观察窗口缩短后，MD&A 异常语调与股价崩盘风险间的正相关关系不再显著，这说明与我们的预期一致，短期而言，管理层隐藏的坏消息不会传递到市场，只有当这些坏消息累积到一定程度后，才会突然集中到市场引发股价崩盘。

表 6-4　MD&A 异常语调与缩短窗口期的股价崩盘风险回归分析结果

	$Ncskew\,39_{t+1}$	$Duvol\,39_{t+1}$	$Ncskew\,28_{t+1}$	$Duvol\,28_{t+1}$
	(1)	(2)	(3)	(4)
$Abnormal\_Tone_t$	0.0003	−0.0004	−0.0007	−0.0020
	(0.115)	(−0.136)	(−0.253)	(−0.532)

续表

	$Ncskew\ 39_{t+1}$	$Duvol\ 39_{t+1}$	$Ncskew\ 28_{t+1}$	$Duvol\ 28_{t+1}$
	(1)	(2)	(3)	(4)
$Dturn_t$	-0.0490**	-0.0621**	-0.0195	0.0093
	(-2.014)	(-2.370)	(-0.766)	(0.293)
RET_t	-1.2134	-46.8235	73.9728*	-5.3891
	(-0.052)	(-1.613)	(1.961)	(-0.104)
$Sigma_t$	-3.7555***	-6.0598***	2.0249	-1.6797
	(-3.451)	(-3.903)	(1.584)	(-0.835)
Lag_Ncskew_t	0.0229*	0.0082	0.0365***	0.0422***
	(1.949)	(0.670)	(2.996)	(2.710)
$Size_t$	-0.0221***	-0.0199**	-0.0336***	-0.0334***
	(-2.630)	(-2.201)	(-3.633)	(-2.827)
$Leverage_t$	-0.0013	-0.0085	-0.0526	0.0028
	(-0.031)	(-0.186)	(-1.139)	(0.047)
MB_t	0.0078*	0.0120**	-0.0174***	-0.0174***
	(1.680)	(2.191)	(-3.530)	(-2.675)
ROA_t	-0.5864	-0.5670	-1.1390***	-1.2166**
	(-1.643)	(-1.447)	(-2.962)	(-2.297)
Year	Y	Y	Y	Y
Industry	Y	Y	Y	Y
Robust	Y	Y	Y	Y
Cluster	Y	Y	Y	Y
Constant	0.4104**	0.4638**	0.9436***	1.0857***
	(2.217)	(2.282)	(4.628)	(4.049)
Observations	8145	8097	7620	7569
R-squared	0.032	0.030	0.033	0.034

总体而言，我们的回归结果验证了 MD&A 异常语调与上市公司未来股票价格崩盘风险之间的正相关关系，假设 6-1 得到验证。这一证据表明，管理层在公司年度报告披露过程中确实产生了管理层语调操纵行为（Huang et al.，2014b）。为了获取个人短期利益，管理层通过语调修饰的方法掩盖公司的坏消息，但当负面信息累积到一定程度时，管理层继续隐藏信息的成本远大于其获得的收益，负面信息集中释放到股市，引发公司股价崩盘风险。

6.4.3 审计报告语调披露对财务信息的鉴证作用

为了检验审计报告对公司财务报告的信息鉴证作用，我们对审计报告语调与公司未来股价崩盘风险进行了回归分析，回归结果如表 6–5 所示。

在表 6–5 列（1）和列（2）中，审计报告语调（$Audit\_Tone_{t+1}$）与股价崩盘风险的两个代理变量（$Ncskew_{t+1}$ 和 $Duvol_{t+1}$）均在 5% 的水平上呈负相关关系。审计报告语调越积极，公司股价未来崩盘的可能性越小。这一结果表明，审计报告语调越积极，说明审计师对公司财务数据披露情况越认可，公司财务信息透明度越高，管理层隐藏坏消息的动机越弱，公司股票价格越稳定。

审计报告一般分为两种，一种是标准无保留意见报告；另一种是非标准意见报告。现有文献大多使用哑变量衡量审计报告意见，因此参考曹琼等（2013），我们在模型中加入了审计报告意见的哑变量（标准无保留意见为 1，非标准意见为 0）。通过表 6–5 列（3）和列（4）可知，使用 0 或 1 的方式衡量审计意见时，审计意见与股价崩盘风险之间并无显著关联，出现这一情况的原因可能在于："非黑即白"的审计报告意见代理变量并不能完全传递出审计报告中包含的信息。为了使文章的结论更加严谨，我们将审计报告意见的哑变量加入模型（6–2），结果如表 6–5 列（5）和列（6）所示，即使添加审计报告意见的哑变量作为控制变量，审计报告语调对股价崩盘风险的负向作用依旧显著。相较于"0 或 1"的信息标注方式，审计报告语调更加全面、细致地呈现了审计报告中包含的信息含量。

总体而言，我们的回归结果验证了审计报告语调与上市公司未来股票价格崩盘风险之间的负相关关系，假设 6–2 成立。获取积极审计报告语调的上市公司财务信息披露质量较高，因此该公司未来股价崩盘风险较低；获取积极审计报告语调的上市公司财务信息披露质量较差，因此该公司的股票价格更容易崩盘。这一结论表明审计报告语调具有信息含量，通过细分每一篇审计报告所表达的积极或消极程度，更加准确地表达出审计师对公司财务数据披露情况的意见和对公司风险的预判。

表 6-5　审计报告语调与股价崩盘风险回归分析结果

	$Ncskew_{t+1}$	$Duvol_{t+1}$	$Ncskew_{t+1}$	$Duvol_{t+1}$	$Ncskew_{t+1}$	$Duvol_{t+1}$
	（1）	（2）	（3）	（4）	（5）	（6）
$Audit\_Tone_t$	−0.3492**	−0.2442**			−0.3248*	−0.2348*
	（−2.200）	（−2.101）			（−1.953）	（−1.936）
$Audit\_Opinion_t$			−0.0497	−0.0252	−0.0201	−0.0066
			（−1.365）	（−0.938）	（−0.484）	（−0.224）
$Dturn_t$	0.0004	−0.0099	−0.0043	−0.0170	0.0007	−0.0100
	（0.017）	（−0.587）	（−0.214）	（−1.092）	（0.030）	（−0.593）
RET_t	1.1018***	0.6963***	1.2722***	0.7853***	1.1063***	0.7003***
	（3.374）	（2.866）	（4.340）	（3.575）	（3.387）	（2.881）
$Sigma_t$	−0.2322	−0.2673	0.7659	0.1695	−0.1997	−0.2418
	（−0.126）	（−0.195）	（0.455）	（0.134）	（−0.108）	（−0.176）
Lag_Ncskew_t	0.0514***	0.0411***	0.0546***	0.0415***	0.0524***	0.0415***
	（4.298）	（4.804）	（4.907）	（5.227）	（4.382）	（4.843）
$Size_t$	−0.0680***	−0.0557***	−0.0736***	−0.0591***	−0.0671***	−0.0554***
	（−7.463）	（−8.386）	（−9.106）	（−9.982）	（−7.353）	（−8.310）
$Leverage_t$	0.1116***	0.0768**	0.0906**	0.0599**	0.1046**	0.0744**
	（2.661）	（2.431）	（2.230）	（1.990）	（2.435）	（2.320）
MB_t	0.0210***	0.0109***	0.0185***	0.0101***	0.0207***	0.0108***
	（4.542）	（3.163）	（4.377）	（3.060）	（4.436）	（3.113）
ROA_t	1.5490***	0.8141***	1.4839***	0.7219***	1.5673***	0.8240***
	（3.182）	（1.937）	（3.461）	（2.255）	（3.314）	（2.085）
Year	Y	Y	Y	Y	Y	Y
Industry	Y	Y	Y	Y	Y	Y
Robust	Y	Y	Y	Y	Y	Y
Cluster	Y	Y	Y	Y	Y	Y

续表

	$Ncskew_{t+1}$	$Duvol_{t+1}$	$Ncskew_{t+1}$	$Duvol_{t+1}$	$Ncskew_{t+1}$	$Duvol_{t+1}$
	(1)	(2)	(3)	(4)	(5)	(6)
Constant	1.1557***	0.9792***	1.2961***	1.0765***	1.1607***	0.9797***
	(5.461)	(6.244)	(6.831)	(7.643)	(5.430)	(6.194)
Observations	7687	7685	8959	8957	7682	7680
R-squared	0.082	0.078	0.091	0.085	0.082	0.078

6.4.4 审计报告语调披露对管理层语调操纵行为的抑制作用

前文通过对审计报告语调与股价崩盘风险间的关系进行回归，证实了审计报告对公司财务数据起到鉴证作用，获得审计师认可的公司，其股价崩盘风险可能性较小。那么审计报告对公司财务数据的审核和鉴定，能否间接促使公司的文本信息披露更加透明，从而抑制管理层语调操纵行为？在本部分，我们选择分析审计报告语调在 MD&A 异常语调与股价崩盘风险之间的调节作用，用以检验审计报告语调是否抑制了管理层语调操纵行为，回归分析结果如表 6–6 所示。

表 6–6 MD&A 异常语调、审计报告语调与股价崩盘风险回归分析结果

	$Ncskew_{t+1}$	$Duvol_{t+1}$
	(1)	(2)
$Abnormal\_Tone_t$	0.0109***	0.0078***
	(4.034)	(4.164)
$Audit\_Tone_t$	–0.3187**	–0.2242*
	(–2.002)	(–1.917)
$Abnormal\_Tone_t \times Audit\_Tone_t$	–0.0880**	–0.0584**
	(–2.130)	(–2.026)
$Dturn_t$	0.0040	–0.0073
	(0.179)	(–0.433)

续表

	$Ncskew_{t+1}$	$Duvol_{t+1}$
	(1)	(2)
RET_t	1.0704***	0.6760***
	(3.276)	(2.784)
$Sigma_t$	−0.4335	−0.3959
	(−0.235)	(−0.289)
Lag_Ncskew_t	0.0485***	0.0389***
	(4.070)	(4.562)
$Size_t$	−0.0676***	−0.0554***
	(−7.415)	(−8.338)
$Leverage_t$	0.1025**	0.0706**
	(2.439)	(2.233)
MB_t	0.0220***	0.0117***
	(4.786)	(3.386)
ROA_t	1.4503***	0.7436***
	(3.569)	(2.620)
Year	Y	Y
Industry	Y	Y
Robust	Y	Y
Cluster	Y	Y
Constant	1.1654***	0.9851***
	(5.516)	(6.280)
Observations	7682	7680
R-squared	0.084	0.080

如表 6–6 列（1）和列（2）所示，在加入 MD&A 异常语调与审计报告语调的交互项后，MD&A 异常语调与负收益偏态系数（$Ncskew_{t+1}$）和收益率上下波动（$Duvol_{t+1}$）之间的正相关关系依旧显著，MD&A 异常语调与审计报告语调的交互项（$Abnormal\_Tone_t \times Audit\_Tone_t$）均在 5% 的水平上显著为负，审计报告语调越积极，MD&A 异常语调与股价崩盘风险的正向关联越弱。

因此，表 6–6 的回归结果证实了审计报告对管理层语调操纵行为的抑制作用，假设 6–3 得到验证。这一结论表明，虽然管理层出于个人目的，在年报中会使用语调修饰的方法隐藏关于公司的坏消息，最终引起股价崩盘风险。但是，审计报告这一外部公司治理机制，可以通过对公司财务信息出具审计意见的方式监督和间接改善公司的文本信息披露环境，缩小管理层语调操纵的空间、提高管理层机会主义行为的成本，所以对于获取积极审计报告语调的公司，其 MD&A 语调包含的有偏信息较少、公司未来股票价格崩盘风险也随之降低。

6.5　稳健性检验

6.5.1　内生性检验

由于 MD&A 异常语调与股价崩盘风险之间可能存在潜在内生性问题，本小节借鉴 Xu et al.（2014）、曾庆生等（2018）和 Wu et al.（2020）的研究，通过使用工具变量对模型（6–6）进行二阶段回归，以控制其内生性问题。首先，我们选择同一行业其他公司的 MD&A 异常语调的平均值（*IV_Industry*）作为工具变量。由于同行业内各公司所呈现的 MD&A 语调存在一定的相关性。但并没有证据可以表明同行业其他公司的会计文本语调会影响目标公司的股价崩盘风险。因此，*IV_Industry* 满足工具变量的使用前提：相关性和外生性。其次，本节使用同一省份其他公司的 MD&A 文本语调的平均值（*IV_Location*）作为本书的第二个工具变量，与上一个工具变量类似，目标公司的 MD&A 文本语调可能与其工作地点附近的公司相关联，但附近公司的文本语调并不能显著影响目标公司的股价崩盘风险。

二阶段回归结果如表 6–7 所示。表 6–7 列（1）和列（2）显示了负收益偏态系数（$Ncskew_{t+1}$）的二阶段回归结果。表 6–7 列（3）和列（4）报告了收益率上下波动（$Duvol_{t+1}$）的二阶段回归结果。如表6-7中相关性检验结果所示，MD&A异常语调与负收益偏态系数（$Ncskew_{t+1}$）和收益率上下波动（$Duvol_{t+1}$）的“最小特征统计量”均大于临界值10，因此可以拒绝存在弱工具变量的原假设，工具变量与目标企业的*Abnormal_Tone*存在相关性。如表6-7中外生性检验结果所示，卡方的P值远大于0.10，因此本小节无法拒绝工具变量外生性的原假设，工具变量的选取符合外生性条件。进一步，通过表6-7列（2）和列（4）所示结果可知，在控制了内生性问题后，MD&A异常语调与股价崩盘风险依旧显著正相关，本章研究结论的稳健性得到了验证。

表6-7　二阶段工具变量回归结果

	$Ncskew_{t+1}$		$Duvol_{t+1}$	
	一阶段回归	二阶段回归	一阶段回归	二阶段回归
	（1）	（2）	（3）	（4）
$Abnormal\_Tone_t$		0.0678^{**} （2.48）		0.0448^{**} （4.597）
$IV\_Industry_t$	1.0846^{***} （8.68）		1.0848^{***} （8.68）	
$IV\_Location_t$	0.0554^{***} （3.08）		0.0553^{***} （3.08）	
$Dturn_t$	-0.2455^{**} （-2.49）	0.0087 （0.39）	-0.2470^{**} （-2.50）	-0.0049 （-0.29）
RET_t	3.8788^{***} （3.15）	0.9689^{***} （2.99）	3.8503^{***} （3.12）	0.5744^{**} （2.35）
$Sigma_t$	20.6480^{***} （2.85）	-1.0445 （-0.57）	20.4657^{*} （2.82）	-1.0747 （-0.78）
Lag_Ncskew_t	0.2244^{***} （4.42）	0.0337^{***} （2.59）	0.2244^{***} （4.42）	0.0286^{***} （3.06）
$Size_t$	-0.0449 （-1.20）	-0.0741^{***} （-8.66）	-0.0450 （-1.20）	-0.0592^{***} （-9.62）
$Leverage_t$	0.8250^{***} （5.22）	0.07475 （1.61）	0.8258^{***} （5.23）	0.0516 （1.50）

续表

	$Ncskew_{t+1}$		$Duvol_{t+1}$	
	一阶段回归	二阶段回归	一阶段回归	二阶段回归
	(1)	(2)	(3)	(4)
MB_t	−0.0874*** (−4.95)	0.0255*** (5.04)	−0.0874*** (−4.95)	0.01499*** (3.88)
ROA_t	7.0236*** (4.64)	1.0556** (2.46)	7.0196 (4.64)	0.4810 (1.54)
Year	Y	Y	Y	Y
Industry	Y	Y	Y	Y
Robust	Y	Y	Y	Y
Cluster	Y	Y	Y	Y
Constant	1.9353*** (−8.68)	1.4989*** (7.20)	1.9409** (2.11)	1.1792*** (7.81)
Number of observations	8457	8457	8455	8455
相关性检验				
Minimum eigenvalue statistic	38.2775		38.2796	
R-squared	0.0890		0.0890	
外生性检验				
Score chi square	0.6125		0.4253	
P-value	0.4339		0.5143	

6.5.2　更换股价崩盘风险估计区间

前文的分析中，股价崩盘风险的估计区间为第 $t+1$ 年 1~12 月，但是公司第 t 年的年报披露时间为第 $t+1$ 年 1~4 月。也就是说，公司年报披露前，市场是无法获取公司年报中的 MD&A 和审计报告的，MD&A 异常语调、审计报告语调在第 t 年 1~4 月对股价崩盘风险是不存在影响的。因此，我们选择更换股价崩盘风险的估计区间，重新验证 MD&A 异常语调、审计报告语调与股价崩盘风险之间的相关关系，验证本章结论的稳健性。具体而言，我们将估计区间锁定在第 t 年年报披露后至第 $t+1$ 年年报披露前，回归结果见表 6–8。

表 6-8 股价崩盘风险估计区间更改后的回归分析结果

	$Ncskew_{t+1}$	$Duvol_{t+1}$	$Ncskew_{t+1}$	$Duvol_{t+1}$	$Ncskew_{t+1}$	$Duvol_{t+1}$
	（1）	（2）	（3）	（4）	（5）	（6）
$Abnormal\_Tone_t$	0.0066**	0.0048**			0.0063**	0.0055**
	（2.549）	（2.323）			（2.222）	（2.419）
$Audit\_Tone_t$			−0.1895*	−0.1854**	−0.2039**	−0.1977**
			（−1.911）	（−2.111）	（−2.139）	（−2.288）
$Abnormal\_Tone_t \times Audit\_Tone_t$					0.0381*	0.0147
					（1.647）	（0.747）
$Dturn_t$	0.0306	0.0170	0.0460**	0.0275	0.0482**	0.0292
	（1.387）	（0.877）	（1.998）	（1.368）	（2.100）	（1.456）
RET_t	0.9940***	0.8978***	0.9361***	0.9148***	0.9293***	0.9102***
	（3.946）	（4.073）	（3.482）	（3.875）	（3.450）	（3.851）
$Sigma_t$	0.6755	1.8087	0.6155	1.9978	0.5863	1.9738
	（0.460）	（1.384）	（0.398）	（1.444）	（0.378）	（1.425）
Lag_Ncskew_t	0.0313***	0.0161*	0.0335***	0.0195*	0.0316***	0.0178*
	（2.791）	（1.717）	（2.807）	（1.942）	（2.664）	（1.781）
$Size_t$	−0.0733***	−0.0586***	−0.0639***	−0.0510***	−0.0646***	−0.0518***
	（−8.477）	（−7.954）	（−6.949）	（−6.442）	（−7.022）	（−6.517）
$Leverage_t$	0.1004**	0.0589*	0.0727*	0.0310	0.0792*	0.0380
	（2.435）	（1.692）	（1.727）	（0.860）	（1.870）	（1.050）
MB_t	0.0077*	0.0027	0.0097**	0.0043	0.0098**	0.0044
	（1.704）	（0.681）	（2.053）	（1.037）	（2.078）	（1.050）
ROA_t	0.8045**	0.4005	0.9232**	0.4214	0.9182**	0.4041
	（2.141）	（1.298）	（2.404）	（1.316）	（2.388）	（1.261）
Year	Y	Y	Y	Y	Y	Y
Industry	Y	Y	Y	Y	Y	Y
Robust	Y	Y	Y	Y	Y	Y
Cluster	Y	Y	Y	Y	Y	Y

续表

	$Ncskew_{t+1}$	$Duvol_{t+1}$	$Ncskew_{t+1}$	$Duvol_{t+1}$	$Ncskew_{t+1}$	$Duvol_{t+1}$
	（1）	（2）	（3）	（4）	（5）	（6）
Constant	1.3020***	1.0596***	1.1392***	0.9233***	1.1566***	0.9431***
	（6.504）	（6.111）	（5.398）	（5.029）	（5.470）	（5.109）
Observations	8362	8357	7600	7595	7595	7590
R-squared	0.068	0.053	0.060	0.048	0.061	0.048

由回归结果可知，更换股价崩盘风险的估计区间后，MD&A 异常语调与股价崩盘风险依旧在 1% 的水平上显著正相关，如表 6-8 列（1）和列（2）所示，假设 6-1 得到验证；审计报告语调依旧在 5% 的水平上与公司股价崩盘风险显著负相关，如表 6-8 列（3）和列（4）所示，假设 6-2 依旧成立；MD&A 异常语调与审计报告语调的交互项依旧在 10% 的水平上与股价崩盘风险显著负相关，如表 6-8 列（5）所示，与假设 6-3 预期一致。综上所述，改变股价崩盘风险的估计区间后，本章的研究结果依旧稳健。

6.6　进一步分析

6.6.1　管理层是否过度自信

高管自身的特征，尤其是高管过度自信程度对 MD&A 语调的影响是不容忽视的。本小结基于管理层过度自信程度对 MD&A 异常语调与股价崩盘风险之间相关关系进行分组检验，以验证管理层过度自信程度对管理层语调操纵行为的影响。

参考 Schrand & Zechman（2012），我们使用公司层面关于投融资活动的四个变量衡量管理层过度自信程度。第一个变量为经过行业调整的过度投资，由于过度自信的高管更倾向于产生过度投资行为（Ben-David et al.,

2007；Malmendier & Tate，2005），因此我们认为当公司过度投资超过同行业均值时，该公司高管存在过度自信现象。第二个变量为经行业调整的公司用于收购活动的净现金，Malmendier & Tate（2005）指出，对于并购活动，过度自信的高管更可能支付过高的价格，因此当公司用于收购的净现金超过行业平均水平时，我们认为该公司高管过度自信。第三个变量为经行业调整的负债股权比率，当公司的负债股权比率高于同行业平均水平时，该公司高管存在过度自信特征（Malmendier et al.，2011）。第四个变量为经行业调整的负债期限，过度自信的高管往往会选择较长的债务期限（Ben-David et al.，2007），因此如果公司的债务期限高于同行业其他企业，我们认为该公司高管具有过度自信的特征。最后，我们将上述四个变量加总，从 0 到 4 排列，0 代表公司高管过度自信程度最低，4 代表公司高管过度自信程度最高，并基于此对 MD&A 异常语调与股价崩盘风险之间的相关关系进行分组检验，回归结果如表 6–9 所示。随着高管过度自信程度的增加，MD&A 异常语调与股价崩盘风险之间的显著正相关逐渐消失。出现这一结果的原因可能在于过度自信程度较高的管理层由于对其自身及企业的未来更加具有信心，隐藏公司坏消息的动机较弱，因此 MD&A 异常语调引发股价崩盘风险的可能性减弱。

6.6.2 审计费用

审计时对上市公司披露的财务信息的鉴别，注册会计师发现财务报告中错误的能力（DeAngelo，1981）。Francis（1984）、Palmore（1986）、Rubin（1988）等指出，审计收费越高的会计师事务所，提供的审计服务质量越高。因此，为了进一步分析审计报告语调对公司股票价格崩盘风险和公司高管语调操纵行为的影响，我们将审计收费低于其中位数的样本划分为低审计收费组，将审计收费高于其中位数的样本划分为高审计收费组，对审计报告、MD&A 异常语调与股价崩盘风险之间进行分组回归，结果如表 6–10 所示。在低审计费用组，审计报告对股价崩盘风险和管理层语调操纵行为的抑制作用不再显著（表 6–10 列（1）~ 列（4）所示）。在高审计费用组，审计报告语调与负收益偏态系数（*Ncskew*）在 1% 的水平上显著为负，如表 6–10 列（5）所示；与收益率上下波动（*Duvol*）在5%的水平上显著为负，如表6–10列（6）所示。模型中加入审计报告语调与 MD&A 异常语调的交互项后，审计报告语调越高，MD&A 异常语调与股价崩盘风险之间的正相关关系越弱，如表 6–10 列（7）和列（8）所示。

6.6.3 国企与非国企

中国国有企业高管具有“准官员”的特殊身份特征，国企经营者往往身兼“经纪人”和“政治人”的双重身份，国企高管与同级别的政府官员类似，具有同等的政治待遇和政治晋升机会（杨瑞龙等，2013）。因此这一特殊制度背景是否会影响公司高管对文本语调的管理？我们将全样本分为国有企业组和非国有企业组，分别对 MD&A 异常语调与股价崩盘风险之间的关系进行进一步的验证。结果如表 6–11 所示，Panle A 列示了国有企业组的回归结果，Panel B 列示了非国有企业组的回归结果。

在国有企业组，如表 6–11 Panel A 所示，MD&A 异常语调、审计报告语调与股价崩盘风险间均无显著相关关系。在非国有企业组，如表 6–11 Panel B 列（1）和列（2）所示，MD&A 异常语调与负收益偏态系数（*Ncskew*）和收益率上下波动（*Duvol*）均在 1% 的水平上显著正相关；如表 6–11 列（3）与列（4）所示，审计报告语调与负收益偏态系数（*Ncskew*）在 1% 的水平上显著负相关、与收益率上下波动（*Duvol*）在 5% 的水平上显著负相关；如表 6–11 列（5）和列（6）所示，模型中加入审计报告的调节效应后，MD&A 异常语调与审计报告语调的交互项在 5% 的水平上显著为负，MD&A 异常语调在 1% 的水平上依旧显著为正。出现这一结论的原因在于，具有较高政治晋升的国企高管面临更多的社会关注、政治审计等（王曾等，2014），当任职于该企业只是高管政治仕途的一部分时，国企高管为了仕途的长远发展，倾向于约束自身机会主义行为。因此，相较于私企，国有企业通过管理语调隐藏坏消息的可能性较低。

表 6-9 基于高管过度自信程度的分组检验

	OverConfidence=0		*OverConfidence*=1		*OverConfidence*=2		*OverConfidence*=3		*OverConfidence*=4	
	Ncskew	*Duvol*	*Ncskew*	*Duvol*	*Ncskew*	*Duvol*	*Ncskew*	*Duvol*	*Ncskew*	*Duvol*
	(1)	(2)	(3)	(4)	(5)	(6)	(7)	(8)	(9)	(10)
Abnormal_Tone	0.0146**	0.0146**	0.0078**	0.0050*	0.0115***	0.0115***	-0.0060	-0.0024	-0.0145	-0.0526
	(2.491)	(2.491)	(1.996)	(1.732)	(2.611)	(2.611)	(-0.825)	(-0.464)	(-0.219)	(-0.991)
Dturn	0.0494	0.0494	-0.0393	-0.0451*	0.0384	0.0384	-0.0995	-0.0559	0.3397	0.5059
	(1.191)	(1.191)	(-1.159)	(-1.736)	(0.879)	(0.879)	(-1.430)	(-0.984)	(0.633)	(1.248)
RET	0.5212	0.5212	0.9047*	0.6439*	2.1494***	2.1494***	0.4400	0.3344	11.4877	5.5889
	(0.898)	(0.898)	(1.884)	(1.739)	(3.325)	(3.325)	(0.415)	(0.444)	(1.478)	(1.121)
Sigma	-5.0688	-5.0688	-2.5124	-1.3597	7.7724**	7.7724**	-2.5919	-1.9172	49.0123	24.6106
	(-1.554)	(-1.554)	(-0.914)	(-0.650)	(2.134)	(2.134)	(-0.433)	(-0.435)	(1.345)	(1.014)
Lag_Ncskew	0.0558**	0.0558**	0.0227	0.0194	0.0849***	0.0849***	-0.0025	0.0119	-0.0304	0.0449
	(2.493)	(2.493)	(1.333)	(1.584)	(3.656)	(3.656)	(-0.064)	(0.391)	(-0.116)	(0.198)
Size	-0.0892***	-0.0892***	-0.0953***	-0.0727***	-0.0601***	-0.0601***	-0.0573**	-0.0480**	-0.2426	-0.3023*
	(-4.512)	(-4.512)	(-7.411)	(-7.955)	(-3.764)	(-3.764)	(-2.137)	(-2.349)	(-1.252)	(-1.922)
Leverage	0.0857	0.0857	0.1093*	0.0621	-0.0709	-0.0709	-0.0020	0.0319	-4.4582**	-3.1763*
	(0.711)	(0.711)	(1.835)	(1.374)	(-0.818)	(-0.818)	(-0.009)	(0.189)	(-2.442)	(-1.949)
MB	0.0225**	0.0225**	0.0183***	0.0078	0.0194**	0.0194**	0.0251*	0.0216**	-0.8629***	-0.5865***
	(2.508)	(2.508)	(2.734)	(1.439)	(2.239)	(2.239)	(1.749)	(2.030)	(-4.998)	(-4.314)
ROA	0.5394	0.5394	1.7950***	0.9261**	1.1249	1.1249	3.3329**	2.5730**	-30.3278	-15.6959
	(0.656)	(0.656)	(3.150)	(2.204)	(1.578)	(1.578)	(2.252)	(2.476)	(-1.244)	(-0.683)

续表

	OverConfidence=0		*OverConfidence*=1		*OverConfidence*=2		*OverConfidence*=3		*OverConfidence*=4	
	Ncskew	*Duvol*	*Ncskew*	*Duvol*	*Ncskew*	*Duvol*	*Ncskew*	*Duvol*	*Ncskew*	*Duvol*
	(1)	(2)	(3)	(4)	(5)	(6)	(7)	(8)	(9)	(10)
Year/ Industry	Y	Y	Y	Y	Y	Y	Y	Y	Y	Y
Robust/ Cluster	Y	Y	Y	Y	Y	Y	Y	Y	Y	Y
Constant	1.8398***	1.8398***	1.7339***	1.3562***	0.8910**	0.8910**	0.9666	0.8674*	7.4028*	8.4392**
	(4.187)	(4.187)	(5.679)	(6.127)	(2.313)	(2.313)	(1.566)	(1.777)	(1.735)	(2.434)
Observations	2183	2183	3471	3471	2112	2112	657	656	36	36
R-squared	0.098	0.098	0.111	0.101	0.107	0.107	0.120	0.137	0.923	0.898

表 6-10　基于审计费用的分组检验

	低审计费用组				高审计费用组			
	Ncskew	*Duvol*	*Ncskew*	*Duvol*	*Ncskew*	*Duvol*	*Ncskew*	*Duvol*
	(1)	(2)	(3)	(4)	(5)	(6)	(7)	(8)
Abnormal_Tone			0.0116***	0.0079***			0.0114***	0.0079***
			(3.134)	(3.034)			(3.396)	(3.361)
Audit_Tone	−0.0472	−0.1422	−0.0556	−0.1527	−0.5294***	−0.3829**	−0.4572**	−0.3381**
	(−0.201)	(−0.833)	(−0.236)	(−0.887)	(−2.623)	(−2.545)	(−2.243)	(−2.208)
Abnormal_Tone × *Audit_Tone*			−0.0017	0.0112			−0.1006**	−0.0639**
			(−0.029)	(0.272)			(−2.261)	(−2.077)
Dturn	−0.0155	−0.0179	−0.0111	−0.0150	−0.0184	−0.0214	−0.0150	−0.0191
	(−0.584)	(−0.878)	(−0.419)	(−0.735)	(−0.744)	(−1.112)	(−0.605)	(−0.991)
RET	1.1510**	0.7261**	1.1260**	0.7083**	1.5596***	0.8568**	1.5109***	0.8245**
	(2.492)	(2.124)	(2.434)	(2.075)	(3.625)	(2.574)	(3.507)	(2.484)
Sigma	0.5575	0.4606	0.3034	0.2942	4.5323*	2.0189	4.0616	1.7096
	(0.206)	(0.230)	(0.112)	(0.147)	(1.793)	(1.028)	(1.605)	(0.874)
Lag_Ncskew	0.0327*	0.0348***	0.0288*	0.0320***	0.0428***	0.0355***	0.0384**	0.0323***
	(1.916)	(2.898)	(1.703)	(2.686)	(2.627)	(2.995)	(2.356)	(2.725)
Size	−0.0895***	−0.0716***	−0.0920***	−0.0731***	−0.0536***	−0.0513***	−0.0588***	−0.0547***
	(−5.137)	(−5.650)	(−5.263)	(−5.737)	(−4.261)	(−5.554)	(−4.713)	(−5.940)

续表

	低审计费用组				高审计费用组			
	Ncskew	*Duvol*	*Ncskew*	*Duvol*	*Ncskew*	*Duvol*	*Ncskew*	*Duvol*
	(1)	(2)	(3)	(4)	(5)	(6)	(7)	(8)
Leverage	0.0445	0.0056	0.0650	0.0188	0.0459	0.0404	0.0700	0.0563
	(0.796)	(0.134)	(1.134)	(0.440)	(0.810)	(0.910)	(1.210)	(1.247)
MB	0.0099	0.0028	0.0109*	0.0035	0.0224***	0.0109**	0.0233***	0.0115***
	(1.572)	(0.589)	(1.738)	(0.740)	(4.066)	(2.578)	(4.249)	(2.731)
ROA	0.8847*	0.2668	0.8083	0.2189	0.6768	0.1377	0.5345	0.0406
	(1.725)	(0.724)	(1.579)	(0.596)	(1.314)	(0.366)	(1.040)	(0.108)
Year/Industry	Y	Y	Y	Y	Y	Y	Y	Y
Robust/ Cluster	Y	Y	Y	Y	Y	Y	Y	Y
Constant	1.5760***	1.3137***	1.5929***	1.3196***	0.7752***	0.6761***	0.8470***	0.7309***
	(4.059)	(4.584)	(4.099)	(4.599)	(2.591)	(2.986)	(2.816)	(3.198)
Observations	3776	3776	3775	3775	3911	3909	3907	3905
R-squared	0.075	0.071	0.078	0.074	0.104	0.093	0.105	0.095

表 6-11　国有与非国有企业分组检验

	Ncskew	*Duvol*	*Ncskew*	*Duvol*	*Ncskew*	*Duvol*
	(1)	(2)	(3)	(4)	(5)	(6)
Panel A：国企						
Abnormal_Tone	0.0020 (0.490)	0.0020 (0.490)			0.0012 (0.255)	0.0018 (0.536)
Audit_Tone			−0.0173 (−0.063)	0.0444 (0.227)	−0.0018 (−0.006)	0.0557 (0.279)
Abnormal_Tone×*Audit_Tone*					0.0542 (0.502)	0.0403 (0.547)
Dturn	0.1187** (2.468)	0.1187** (2.468)	0.1400*** (2.784)	0.0800** (2.232)	0.1402*** (2.785)	0.0804** (2.239)
RET	1.3355*** (2.639)	1.3355*** (2.639)	1.2054** (2.217)	0.9327** (2.413)	1.2002** (2.210)	0.9327** (2.414)
Sigma	−3.3174 (−1.208)	−3.3174 (−1.208)	−3.5755 (−1.225)	−1.5593 (−0.752)	−3.5892 (−1.231)	−1.5477 (−0.747)
Lag_Ncskew	0.0395** (2.405)	0.0395** (2.405)	0.0455*** (2.643)	0.0385*** (3.233)	0.0454*** (2.637)	0.0383*** (3.219)
Size	−0.0849*** (−6.785)	−0.0849*** (−6.785)	−0.0735*** (−5.463)	−0.0553*** (−5.730)	−0.0739*** (−5.390)	−0.0560*** (−5.674)
Leverage	0.4003*** (6.141)	0.4003*** (6.141)	0.3582*** (5.441)	0.2384*** (4.837)	0.3575*** (5.388)	0.2401*** (4.843)
MB	0.0164* (1.843)	0.0164* (1.843)	0.0147 (1.548)	0.0078 (1.152)	0.0147 (1.546)	0.0078 (1.150)
ROA	1.8426*** (3.026)	1.8426*** (3.026)	2.1950*** (3.354)	1.2858*** (2.932)	2.1921*** (3.340)	1.2790*** (2.911)
Year/Industry	Y	Y	Y	Y	Y	Y
Robust/Cluster	Y	Y	Y	Y	Y	Y
Constant	1.5854*** (5.419)	1.5854*** (5.419)	1.4071*** (4.459)	1.0330*** (4.426)	1.4125*** (4.440)	1.0425*** (4.418)
Observations	3802	3802	3444	3444	3442	3442
R-squared	0.121	0.121	0.105	0.100	0.105	0.100

续表

	Ncskew	Duvol	Ncskew	Duvol	Ncskew	Duvol
	（1）	（2）	（3）	（4）	（5）	（6）
Panel B：非国企						
Abnormal_Tone	0.0099***	0.0068***			0.0114***	0.0079***
	（3.166）	（3.131）			（3.396）	（3.361）
Audit_Tone			−0.5294***	−0.3829**	−0.4572**	−0.3381**
			（−2.623）	（−2.545）	（−2.243）	（−2.208）
Abnormal_Tone × *Audit_Tone*					−0.1006**	−0.0639**
					（−2.261）	（−2.077）
Dturn	−0.0178	−0.0214	−0.0184	−0.0214	−0.0150	−0.0191
	（−0.765）	（−1.181）	（−0.744）	（−1.112）	（−0.605）	（−0.991）
RET	1.6045***	0.8521***	1.5596***	0.8568**	1.5109***	0.8245**
	（3.995）	（2.729）	（3.625）	（2.574）	（3.507）	（2.484）
Sigma	4.8760**	1.9584	4.5323*	2.0189	4.0616	1.7096
	（2.047）	（1.058）	（1.793）	（1.028）	（1.605）	（0.874）
Lag_Ncskew	0.0397**	0.0325***	0.0428***	0.0355***	0.0384**	0.0323***
	（2.543）	（2.828）	（2.627）	（2.995）	（2.356）	（2.725）
Size	−0.0619***	−0.0559***	−0.0536***	−0.0513***	−0.0588***	−0.0547***
	（−5.385）	（−6.491）	（−4.261）	（−5.554）	（−4.713）	（−5.940）
Leverage	0.0725	0.0532	0.0459	0.0404	0.0700	0.0563
	（1.314）	（1.231）	（0.810）	（0.910）	（1.210）	（1.247）
MB	0.0222***	0.0116***	0.0224***	0.0109**	0.0233***	0.0115***
	（4.287）	（2.883）	（4.066）	（2.578）	（4.249）	（2.731）
ROA	0.7791	0.1827	0.6768	0.1377	0.5345	0.0406
	（1.568）	（0.506）	（1.314）	（0.366）	（1.040）	（0.108）
Year/Industry	Y	Y	Y	Y	Y	Y
Robust/Cluster	Y	Y	Y	Y	Y	Y
Constant	0.7935***	0.8711***	0.6739**	0.7986***	0.7497***	0.8453***
	（2.986）	（4.406）	（2.323）	（3.771）	（2.621）	（4.038）
Observations	4547	4545	4136	4134	4134	4132
R-squared	0.067	0.065	0.066	0.064	0.069	0.066

6.7 小 结

本章选取中国A股上市公司2012~2017年年报中MD&A和审计报告作为分析样本，考察两者呈现的文本语调对股价崩盘风险的影响。研究发现，年报中异常积极的管理层语调显著提高了上市公司股价未来崩盘风险。且相较于文本可读性这一原本显著影响股价崩盘风险的变量，MD&A异常语调对股价崩盘风险的解释力度更高。同时，我们发现，积极的审计报告语调可以显著降低公司股价崩盘风险，且审计报告语调越积极，管理层异常语调与股价崩盘风险之间的正相关关系越弱。我们还发现，相较于“标准”或“非标准”的审计意见标注方式，审计报告语调更加全面、细致地呈现了审计师在审计报告中呈现的态度。加入工具变量、调整股价崩盘风险测量窗口后，上述结论依旧稳健。为了进一步研究年报中管理层异常语调、审计报告语调对公司未来股价崩盘风险的影响，我们根据管理层过度自信程度、审计费用高低、公司产权性质分别对原有假设进行分组检验。结果表明，过度自信程度越高的公司高管，越不会选择通过管理语调隐藏公司的负面消息；审计费用越高的公司，审计报告对股价崩盘风险和高管语调操纵行为的抑制性越强；相较于国有企业，非国有企业高管更容易产生语调操纵行为。

第7章 总结

7.1 主要研究结论

本章以 2012~2018 年中国上市 A 股非金融公司为研究样本，对公司高管是否通过会计文本语调传递增量信息、市场是否会对会计文本语调产生显著反应以及会计文本信息是否为管理层隐藏坏消息提供了途径这三个问题进行了研究，有效考察了会计文本语调的信息价值、市场反应以及潜在风险。本章的主要研究发现如下：

（1）验证管理层文本语调与公司未来业绩间的关系，研究结果表明管理层语调越积极，公司未来业绩越高。这表明管理层语调包含了管理层对于公司未来发展走向的预判，含有公司未来业绩水平的增量信息。同时，我们发现当公司高管货币薪酬占比较低、面临离职压力或股权激励处于锁定期时，管理层语调与公司未来业绩之间的关系不再显著，会计文本语调信息传递效应失效。这表明当高管面临利益冲突时，管理层修饰语调获取个人利益的动机增强，文本语调信息含量下降。上述结论均通过了稳健性检验。在进一步考察公司性质后，本章还发现高股权集中度、高两权分离度的公司呈现的会计文本语调的信息含量较少。这表明无大股东控制或权力较大的公司高管更倾向于披露真实的公司信息。

（2）检验市场会对会计文本做出什么反应。研究结果表明：管理层语调越积极、股票累积异常收益率越高。但是随着时间的推移，管理层语调对股票累积超额收益率的影响会逐渐减弱直至消失。也就是说，投资者对公司的预期与年报中管理层语调方向一致，积极的管理层语调使公司实际收益率偏离预期收益率，但这一影响具有时限性。随后，我们验证了媒体关注度对年报语调与异常收益率的影响，发现媒体对企业重复、高频的报道会激发更多的市场关注，越受媒体关注的公司，越能获得显著的市场反应。在加入工具变量验证内生性问题、使用 Fama-French 模型度量股票累积超额收益、量化未来发展与展望文本语调、增加控制变量等检验后，上述研究结果依旧稳健。我们发现，进一步区分信息环境和经济环境后当股票信息环境较差、分析师关注度较高、宏观经济运行良好时，管理层语调与股票累积超额收益率的正相关关系越显著。

（3）以年报中 MD&A 和审计报告作为会计文本语调分析样本，考察了这两类会计文本语调对股价崩盘风险的影响。研究结果表明：一方面，年报中的管理层异常语调越积极，上市公司未来股价崩盘风险越高，且管理语调对股价崩盘风险的解释力度明显高于文本可读性。另一方面，积极的审计报告语调可以显著降低公司股价崩盘风险，且审计报告语调越积极，年报中管理层异常语调与股价崩盘风险之间的正相关关系越弱。同时，相较于“标准”或“非标准”的审计意见标注方式，审计报告语调的信息含量更高。上述结果表明，审计报告语调具有信息含量，通过细分每一篇审计报告所表达的积极或消极程度，能更加准确地表达出审计师对公司财务披露情况的意见和对公司风险的预判。在加入工具变量检验内生性问题、更换股价崩盘风险测量窗口后，上述结论依旧稳健。进一步区分高管过度自信程度、审计费用高低、公司产权性质后我们发现，越是过度自信的高管，越不会进行语调操纵；上市公司支付的审计费用越高，审计报告语调对股价崩盘风险和高管语调操纵行为的抑制作用越强；非国有企业高管更容易产生语调操纵行为。

7.2　进一步研究空间

本书围绕会计文本语调的信息传递、市场反应和隐藏风险三个方面展开了研究。尽管本书已经做了许多工作，并期许能够将公司信息披露的主要参与主体：公司高管、第三方机构和投资者的行为分析得更加清楚、全面，但是会计文本信息披露始终是内容丰富的课题，本书只是完成了其中一个部分。因此，本书还存在以下几方面的研究不足及进步空间：

第一，在对管理层利益冲突对会计文本信息含量的影响研究中，尽管高管货币薪酬、期权行权和离职压力是管理层利益冲突的重要表现之一，但是三者并未全面反映管理层面临的压力。为了更加全面分析管理层利益冲突的影响，未来应该考虑纳入更多的因素，对公司高管会计文本语调管理动机做系统分析。

第二，我们选择引入议程设置理论研究大众媒体曝光度对会计文本语调市场效应的影响。但是值得注意的是，一方面，现今微信公众号这一新媒体运营模式已经成为大众了解信息的主要渠道之一；另一方面，媒体报道中不同的信息发布主体会对公司基本面产生异质性影响。因此，在未来的研究中，应该考虑媒体报道中的微信公众号报道和信息发布主体类别对资本市场的影响，深层次地探讨媒体在管理层语调与资本市场反应之间的作用。

第三，本书以管理层语调作为自变量，探究其与公司未来业绩、股票累积超额收益率和股价崩盘风险之间的关系。在未来的研究中，我们可以将会计文本语调作为因变量，探究公司高管披露文本语调的影响因素；或将会计文本语调作为调节变量，研究该信息对经济问题起到的传导作用。

第四，本书所研究的会计文本特指公司发布的会计文本，如年报、季报、招股说明书、盈余公告、电话会议纪要文本等。在未来的研究中，我们可以使用构建好的情感词典和语调量化模型，对分析师报告、信用评级报告等更广义的会计文本进行研究，丰富金融领域文本情感分析的研究内容。

第五，本书应用计算机领域的自然语言处理方法，对与会计文本内容无关的文本特征进行了量化和研究。随着计算机科学的发展，未来与会计文本内容相关的自动阅读和评价也将成为研究的主流和重点。因此在未来的研究中，我们将探索使用机器学习方法，对与会计文本内容相关的文本特征进行提取和分析，进一步提升对会计文本信息的利用水平。

附录A 情感词

乐观情感词（部分）

安全	按期	按时	榜首	榜样	褒奖	褒扬
标兵	标杆	表率	表扬	表彰	博士	博士后
不俗	不懈	不朽	部级	部省级	便捷	便利
补贴	补助	本土优势	比较优势	不败之地	不可估量	不可或缺
百年企业	不失时机	不可限量	必争之地	财政补贴	层次化	差异化
产业优势	畅通	畅通无阻	超前	朝气	朝气蓬勃	称号
称心	称赞	成本低廉	成本优化	成功	上市	成果奖
成绩优秀	成就奖	成熟	成熟技术	诚实守信	诚信	诚信经营
诚信为本	乘势	乘势而上	持久	持之以恒	冲顶	冲高
创新	创新管理	创新奖	创新能力	创新平台	创新驱动	创新型
创新性	创业精神	创优	创造	创造性	锤炼	从容
促进	促进作用	促使	打破	打通	得天独厚	等级证书
低成本	低功耗	低耗	低价买入	低廉	低能耗	低损耗
低调	低污染	低消耗	低油耗	低噪声	底蕴	第二名
第三名	第一大	第一家	第一流	第一名	颠覆性	典范
点多面广	奠定	迭创新高	顶级	顶尖	鼎力支持	定期维护
定责	动态均衡	动态平衡	洞察	洞悉	独创	独当一面
独到	独具匠心	独具特色	独树一帜	独特	独一无二	独有
独占鳌头	多品种	多渠道	多途径	多维度	多样	多样化
多元化	耳目一新	二等奖	发明	发明专利	发言权	发展
繁荣	方便	方便快捷	方兴未艾	放款	放松	放心
飞跃	肥沃	斐然	奋发	奋发进取	奋发努力	奋发图强
奋发向上	奋发有为	奋进	奋勇	丰富	丰厚	丰硕成果
奉献	奉献精神	扶持	服务周到	符合	符合标准	符合实际
符合要求	福利待遇	负责人	复合型	复合型人才	复牌	复兴
复苏	富有	富有经验	富裕	富足	改变	改革
改观	改进	改良	改造	敢为人先	敢于创新	敢于担当

悲观情感词（部分）

暗淡	黯淡	薄弱	饱和	暴风雨	暴乱	悲观
崩盘	弊病	弊端	壁垒	边缘化	贬	贬值
变差	变化多端	变化莫测	变化无常	变坏	变幻莫测	变数
变质	波动	波动性	波折	剥夺	驳回	不利
不利变化	不利形势	不利因素	不利影响	不利于	不良	不良反应
不良后果	不良现象	不良影响	不良资产	不满意	不明朗	不确定性
不容乐观	不温不火	不涨反跌	不足	参差不齐	残酷	蚕食
惭愧	惨淡	操纵	操作失误	糟糕	草率	查处
差	差错	差劲	差钱	差强人意	掺假	产能过剩
产品滞销	抄袭	炒作	车祸	掣肘	撤销	撤职
成本	成本费用	迟延	迟滞	赤字	冲击	冲突
虫害	虫灾	抽紧	丑闻	除名	处罚	处分
触底	触目惊心	从紧	挫折	打击	打压	大盘下跌
大起大落	大涨大跌	呆板	呆滞	贷款利率	贷款利息	单薄
单调	单一	单一化	淡季	宕机	倒闭	倒退
盗版	盗用	低	低产	低潮	低估	低谷
低级	低价销售	低劣	低落	低迷	低迷不振	低收益
低俗	低速	低位	低位盘整	低效	低效率	低效能
低效益	低于	低于预期	低质	低质量	诋毁	抵赖
抵制	底谷	地区冲突	吊销执照	跌	跌宕	跌宕起伏
跌幅	跌落	跌破	跌入	跌势	跌停	跌至
动荡	动乱	冻害	斗争	毒气	渎职	短板
短缺	短少	短视	断档	多发性	厄尔尼诺	繁冗
繁杂	反常	反弹	反恐	反作用	犯罪	犯罪分子
犯罪行为	泛滥	妨碍	妨碍	放缓	放慢	放射性
放射源	非法	非关税壁垒	费时	费用	粉饰	风险
风险性	敷衍	腐败	腐烂	负面	负面效应	负面新闻
负面影响	负增长	负债	负值	复杂	复杂多变	干旱
干扰	干涉	高估	高开低走	高位盘整	供大于求	供过于求

附录B　语料库人工标注规则

<table>
<tr><td rowspan="6">积极</td><td rowspan="2">语气积极的，营收或利润上升的</td><td rowspan="2">如</td><td>规划在智慧政务市场积极拓展上海、广西、南宁等一、二线城市区域性智慧政务市场</td></tr>
<tr><td>相关信息披露详见财务报表“附注（五）1.23 收入”和“附注（七）1.19 营业收入、营业成本”所述，2018 年云维股份公司实现营业收入 100736.01 万元，较 2017 年度营业收入 48934.61 万元增加 51801.40 万元，增幅 105.86%，主要来自煤炭销售业务</td></tr>
<tr><td>信息披露的正确反映</td><td>如</td><td>我们认为，贵公司财务报表在所有重大方面按照企业会计准则的规定编制，公允反映了贵公司 2012 年 12 月 31 日的财务状况以及 2012 年度的经营成果和现金流量</td></tr>
<tr><td>大环境是好的</td><td>如</td><td>随着近年来国际上深度神经网络、机器学习方法的快速进步，DNN（卷积神经网络）、RNN（循环神经网络）、CNN（深度神经网络）等深度学习方法在应用中的不断演进和完善，同时结合大数据和云计算提供的工程平台支撑，智能化的应用需求日益凸显，人工智能领域在全球范围内掀起了全新的热潮</td></tr>
<tr><td>涉及退税和减税</td><td>如</td><td>根据财政部、国家税务总局《关于印发〈资源综合利用产品和劳务增值税优惠目录〉的通知》（财税〔2015〕78 号），自 2015 年 7 月 1 日起，对以三剩物、次小薪材、农作物秸秆、沙柳等农林剩余物为原料生产的木（竹、秸秆）纤维板、木（竹、秸秆）刨花板实行增值税即征即退 70% 的政策</td></tr>
<tr><td>确定的积极的事情已经发生</td><td>如</td><td>社保卡芯片 2017 年取得大幅增长，但只是政策调整带来的短期机遇，未来市场将重点竞争第三代社保卡芯片</td></tr>
<tr><td></td><td colspan="3">等</td></tr>
<tr><td rowspan="3">中性</td><td rowspan="2">无情感属性的客观信息</td><td rowspan="2">如</td><td>全国能源生产总量 36.6 亿吨标准煤左右</td></tr>
<tr><td>环氧丙烷作为重要的基础化工原料，主要用于生产聚醚多元醇、丙二醇和各类非离子表面活性剂等</td></tr>
<tr><td colspan="3">等</td></tr>
</table>

续表

	客气的说法，虽然看上去只是在描述不确定性，但这只是一种委婉的说法	如	但是，是否能够寻求到合适的标的资产，尚存在一定的不确定性
			公司认为，鉴于前期国内钢材市场较为低迷的整体走势，虽然近期钢材综合价格指数较2015年末有明显回升，但行业景气度能否长期维持在较高水平仍存在重大的不确定性
消极	卷入诉讼还没有得到好的结果或者确定是不好的结果	如	上海工程公司于2008年度就天目湖酒店装饰装修合同纠纷起诉溧阳前沿实业发展有限公司
			为顺利获得债权人大会及巴西里约法院批准，巴西子公司编制的重组计划需包括全额支付该项目的劳工欠款，偿还一定比例的三商债务，并需支付履行司法重组程序所涉及的律师费、司法机关费等相关的服务费用，预计前述款项合计约3.7亿元
			截至审计报告日，新疆维吾尔自治区高级人民法院对新亿股份破产重整一案的核查结论尚未形成
			截至2017年12月31日，上海普天账面仙居项目应收款项金额为748956944.07元，由于债务方浙江大卫房地产开发有限公司（以下简称“浙江大卫”）已于2017年7月进入破产程序
			公司已于报告期内向上海市高级人民法院提起上诉，请求依法撤销上述上海第一中级人民法院作出的一审民事判决，驳回各原告一审诉讼请求，一审、二审的诉讼费由被上诉人承担，对少数案件诉讼时效重新作出认定
	描述了负面的事件但是并没有解决问题	如	要将原料组供问题作为全年重中之重的工作抓紧抓实，想方设法解决木材和表板供应不足的瓶颈问题
	大环境、行业、宏观经济等是不好的	如	铁矿石作为钢材的基本原材料，其价格具有周期性特点，与国家经济结构、经济周期、工业化程度等因素相关度高；国内铁矿石需求对进口的依赖度高，但不掌握定价权；海运价格对铁矿石价格也有一定的影响
	等		

附录C 变量定义

变量名称	英文缩写	变量描述
公司业绩	*ROA*	净利润 / 总资产余额
股票市场异常反应	$CAR_{(-n,\ n)}$	公司年报公布前后各 *n* 个工作日内股票累积异常收益率
负收益偏态系数	*Ncskew*	$Ncskew_{i,t}=-\left[n(n-1)^{3/2}\sum W_{i,t}^{3}\right]/\left[(n-1)(n-2)\left(\sum W_{i,t}^{2}\right)^{3/2}\right]$
收益上下波动比率	*Duvol*	$Duvol_{i,t}=\log\left\{\left[(n_{up}-1)\sum_{DOWN}W_{i,t}^{2}\right] \mid \left[(n_{DOWN}-1)\sum_{DOWN}W_{i,t}^{2}\right]\right\}$
MD&A 语调	*MD&A_Tone*	年报中管理层讨论与分析部分的语调
文本可读性	*Readbility*	管理层讨论与分析句子个数
管理层异常语调	*Abnormal_Tone*	不能被公司基本面信息所解释的语调
审计报告语调	*Audit_Tone*	审计报告的语调，计算方法详见正文
审计意见	*Audit_Opinion*	标准无保留意见，*Audit_Opinion*=1； 非标准保留意见，*Audit_Opinion*=0
审计费用	*Audit_Fee*	上市公司支付给审计公司的费用
高管货币薪酬激励	*Salary*1	高管第一名货币薪酬占高管薪酬总额比例
	*Salary*2	高管前三名货币薪酬占高管薪酬总额比例
股权激励锁定期	*EI*	公司年报公布当年处于行权锁定期，*EI*=1； 公司年报公布当年未处于行权锁定期，*EI*=0
高管离职压力	*TurnoverCEO*	年报公布当年 CEO 发生离职或退休，*TurnoverCEO* =1； 年报公布当年 CEO 发生离职或退休，*TurnoverCEO* =0
财务杠杆	*Leverage*	资产负债率
市值账面比	*MB*	市值 / 权益账面价值
公司业绩变动	*DROA*	本年度 *ROA* 与上年度 *ROA* 之差
公司年龄	*FirmAge*	公司年报发布日上一个季度末公司已上市年份

续表

变量名称	英文缩写	变量描述
公司股权集中度	*LargestHolder*	公司年报发布日上一年末第一大股东持股
公司两权分离度	*CeoDua*	董事长与总经理由同一人担任，*CeoDua* =1； 董事长与总经理由不同人担任，*CeoDual* =0
媒体关注度	*Media*	log（目标公司的网络新闻媒体报道数量 +1）
公司规模	*Size*	公司总资产的对数
未来发展与展望文本语调	*FLS_Tone*	MD&A 中未来发展与展望部分呈现的文本语调
独立董事占比	*Indirector*	独立董事人数占董事会总人数比例
股票信息环境质量	*SPI*	股价同步性的倒数
分析师关注度	*AnalystFollow*	log（跟踪分析该公司的分析师团队数量 +1）
宏观经济背景	*Volsseci*	上证 A 股涨跌幅度
月超额换手率变动值	*Dturn*	本年月均换手率与上一年月均换手率之差
平均收益率	*Ret*	周股票特有收益率的年平均值
收益率标准差	*Sigma*	周股票特有收益率的年标准差
管理层过度自信	*OverInvestment*	上市公司投资额超过同行业均值时，*OverInvestment*=1； 反之，*OverInvestment*=0
	OverMerge	上市公司用于收购活动的净现金超过同行业平均水平时，*OverMerge* =1；反之，*OverMerge* =0
	OverLeverage	上市公司负债率高于同行业平均水平时，*OverLeverage* =1；反之，*OverLeverage* =0
	OverLevDul	上市公司的债务期限高于同行业平均水平时，*OverLevDul* = 1；反之，*OverLevDul* =0
公司所有权	*SOE*	上市公司为国有企业，*SOE*=1；反之，*SOE*=0
年度虚拟变量	*Year*	本书样本年度为 2012~2017 年，因此设置 5 个虚拟变量
行业虚拟变量	*Industry*	本书样本总计 20 个行业，因此设置 19 个行业虚拟变量

附录 D　爬虫代码（部分）

```
#coding=utf-8

from selenium import webdriver
from selenium.common.exceptions import NoSuchElementException
from selenium.webdriver.chrome.options import Options
import time
from time import sleep
import os

import xlrd
import sys

reload(sys)
sys.setdefaultencoding('utf-8')

chrome_options = Options()
chrome_options.add_argument('--headless')
chrome_options.add_argument('--disable-gpu')
driver = webdriver.Chrome('/Users/maudwu/PycharmProjects/chromedriver', chrome_options=chrome_opt

url_head = 'http://vip.stock.finance.sina.com.cn/corp/go.php/vCB_Bulletin/stockid/'
url_tail = '/page_type/ndbg.phtml'
parent_path = '/Users/maudwu/Documents/all_pdf/'
out_file = None
code_list = []
workbook = xlrd.open_workbook(r'/Users/maudwu/Documents/stkcdlist.xlsx')


def read_excel(sheet_no=0):
        global code_list
        global workbook
        sheet = workbook.sheet_by_index(sheet_no)
        code_list = sheet.col_values(0)

def get_pdf_links(code):
        global driver
        global url_head
        global url_tail

        final_url = url_head + str(code) + url_tail
        driver.get(final_url)
        driver.find_element_by_xpath('/html/body/div[6]/div[2]/ul/li[5]/a').click()
        sleep(3)
        div1 = driver.find_element_by_id('con02-7')
        table = div1.find_elements_by_tag_name('table')[1]
        tbody = table.find_elements_by_tag_name('tbody')[0]
        tr = tbody.find_elements_by_tag_name('tr')[0]
        td = tr.find_elements_by_tag_name('td')[1]
        ul = td.find_elements_by_tag_name('ul')[0]
        items = ul.find_elements_by_tag_name('a')
        urls = {}
        for item in items:
                new_url = item.get_attribute('href')
                urls[item.text] = new_url
        for key in urls:
```

Ln: 65 Col: 0

参考文献

［1］曹琼，卜华，杨玉凤，刘春艳.盈余管理、审计费用与审计意见［J］.审计研究，2013（6）：76-83.

［2］曹胜，朱红军．王婆贩瓜：券商自营业务与分析师乐观性［J］.管理世界，2011（7）：28-38.

［3］曾庆生，周波，张程，陈信元．年报语调与内部人交易："表里如一"还是"口是心非"？［J］.管理世界，2018，34（9）：143-160.

［4］褚剑，方军雄．政府审计的外部治理效应：基于股价崩盘风险的研究［J］.财经研究，2017，43（4）：133-145.

［5］方颖，郭俊杰．中国环境信息披露政策是否有效：基于资本市场反应的研究［J］.经济研究，2018，53（10）：160-176.

［6］甘丽凝，陈思，胡珉，王俊秋．管理层语调与权益资本成本——基于创业板上市公司业绩说明会的经验证据［J］. 会计研究，2019（6）：27-34.

［7］黄政，吴国萍．内部控制质量与股价崩盘风险：影响效果及路径检验［J］.审计研究，2017（4）：48-55.

［8］李方涛．基于产品评论的情感分析研究［D］.北京：清华大学硕士学位论文，2011.

［9］李小荣，刘行．CEO vs. CFO：性别与股价崩盘风险［J］.世界经济，2012，35（12）：102-129.

［10］林乐，谢德仁．分析师荐股更新利用管理层语调吗？——基于业绩说明会的文本分析［J］.管理世界，2017（11）：125-145.

［11］林乐，谢德仁．投资者会听话听音吗？——基于管理层语调视角的实证研究［J］．财经研究，2016，42（7）：28-39.

［12］迈克尔·斯彭斯．市场信号传递：雇佣过程中的信息传递及相关筛选过程［M］．北京：中国人民大学出版社，2019.

［13］孟庆斌，黄清华，赵大旋，鲁冰．互联网沟通与股价崩盘风险［J］．经济理论与经济管理，2019（11）：50-67.

［14］权小锋，吴世农，尹洪英．企业社会责任与股价崩盘风险："价值利器"或"自利工具"？［J］．经济研究，2015，50（11）：49-64.

［15］权小锋，肖红军．社会责任披露对股价崩盘风险的影响研究：基于会计稳健性的中介机理［J］．中国软科学，2016（6）：80-97.

［16］沈红波，廖冠民．信用评级机构可以提供增量信息吗——基于短期融资券的实证检验［J］．财贸经济，2014，35（8）：62-70.

［17］万东灿．审计收费与股价崩盘风险［J］．审计研究，2015（6）：85-93.

［18］王曾，符国群，黄丹阳，汪剑锋．国有企业 CEO"政治晋升"与"在职消费"关系研究［J］．管理世界，2014（5）：157-171.

［19］王化成，曹丰，高升好，李争光．投资者保护与股价崩盘风险［J］．财贸经济，2014（10）：73-82.

［20］王化成，曹丰，叶康涛．监督还是掏空：大股东持股比例与股价崩盘风险［J］．管理世界，2015（2）：45-57.

［21］王菁，程博．外部盈利压力会导致企业投资不足吗？——基于中国制造业上市公司的数据分析［J］．会计研究，2014（3）：33-40.

［22］肖土盛，宋顺林，李路．信息披露质量与股价崩盘风险：分析师预测的中介作用［J］．财经研究，2017，43（2）：110-121.

［23］许年行，江轩宇，伊志宏，徐信忠．分析师利益冲突、乐观偏差与股价崩盘风险［J］．经济研究，2012，47（7）：127-140.

［24］杨品菊，李清．高低语境文化冲突与应对策略［J］．西安建筑科技大学学报（社会科学版），2008，27（1）：93-96.

［25］杨瑞龙，王元，聂辉华．"准官员"的晋升机制：来自中国央企的证据［J］．管理世界，2013（3）：23-33.

［26］叶康涛，曹丰，王化成．内部控制信息披露能够降低股价崩盘风险吗？［J］．金融研究，2015（2）：192-206.

［27］于忠泊，田高良，张咏梅．媒体关注、制度环境与盈余信息市场反应——对市场压力假设的再检验［J］．会计研究，2012（9）：40-51.

［28］张继勋，蔡闫东，倪古强．社会责任披露语调、财务信息诚信与投资者感知——一项实验研究［J］．南开管理评论，2019，22（1）：206-212.

［29］Act S. O. Sarbanes-Oxley Act［Z］. Washington DC，2002.

［30］Agarwal S.，Chen V. Y.，Zhang W. The Information Value of Credit Rating Action Reports：A Textual Analysis［J］. Management Science，2016，62（8）：2218-2240.

［31］Aharony J.，Lee C. W. J.，Wong T. J. Financial Packaging of IPO Firms in China［J］. Journal of Accounting Research，2000，38（1）：103-126.

［32］Ahn M.，Bonsall S. B.，Van Buskirk A. Do Managers Withhold Bad News from Credit Rating Agencies?［J］. Review of Accounting Studies，2019（24）：1-50.

［33］Ale K. D.，DeAngelis M. D. The Structure of Voluntary Disclosure Narratives：Evidence from Tone Dispersion［J］. Journal of Accounting Research，2015，53（2）：241-274.

［34］Anderson R. C.，Mansi S. A.，Reeb D. M. Founding Family Ownership and the Agency Cost of Debt［J］. Journal of Financial Economics，2003，68（2）：263-285.

［35］Antweiler W.，Frank M. Z. Is All That Talk Just Noise? The Information Content of Internet Stock Message Boards［J］. Journal of Finance，2004，59（3）：1259-1294.

［36］Arslan-Ayaydin Ö.，Boudt K.，Thewissen J. Managers Set the Tone：Equity Incentives and the Tone of Earnings Press Releases［J］. Journal of Banking & Finance，2016（72）：132–147.

［37］Asparouhova E.，Bessembinder H.，Kalcheva I. Noisy Prices and Inference Regarding Returns［J］. The Journal of Finance，2013，68（2）：665–714.

［38］Baginski S.，Demers E.，Wang C. & Yu J. Contemporaneous Verification of Language：Evidence from Management Earnings Forecasts［J］. Review of Accounting Studies，2016，21（1）：165–197.

［39］Baker M.，Wurgler J. Investor Sentiment in the Stock Market［J］. Journal of Economic Perspectives，2007（21）：129–151.

［40］Banz R. W. The Relationship Between Return and Market Value of Common Stocks［J］. Journal of Financial Economics，1981，9（1）：3–18.

［41］Barber B. M.，Odean T. The Courage of Misguided Convictions［J］. Financial Analysts Journal，1999，55（6）：41–55.

［42］Barker V. L.，Mueller G. C. CEO Characteristics and Firm R & D Spending［J］. Management Science，2002，48（6）：782–801.

［43］Barry C. B.，Brown S. J. Differential Information and Security Market Equilibrium［J］. Journal of Financial and Quantitative Analysis，1985，20（4）：407–422.

［44］Beasley M. S. An Empirical Analysis of the Relation Between the Board of Director Composition and Financial Statement Fraud［J］. Accounting Review，1996，71（4）：443–465.

［45］Bebchuk L. A.，Fried J. M.，Walker D. I. Managerial Power and Rent Extraction in the Design of Executive Compensation［R］. National Bureau of Economic Research，2002.

［46］Bebchuk L. A.，Fried J. M. Executive Compensation As an Agency Problem［J］. Journal of Economic Perspectives，2003，17（3）：71–92.

［47］Bebchuk L. A.，Fried J. M. Pay Without Performance：The Unfulfilled Promise of Executive Compensation［M］. Cambridge Harvard

University Press，2009.

[48] Bédard J. ，Chtourou S. M. ，Courteau L. The Effect of Audit Committee Expertise，Independence，and Activity on Aggressive Earnings Management [J] . Auditing：A Journal of Practice & Theory，2004，23（2）：13–35.

[49] Ben-Nasr H. ，Ghouma H. Employee Welfare and Stock Price Crash Risk [J] . Journal of Corporate Finance，2018（48）：700–725.

[50] Bergstresser D. ，Philippon T. CEO Incentives and Earnings Management [J] . Journal of Financial Economics，2006，80（3）：511–529.

[51] Beyer A. ，Cohen D. A. ，Lys T. Z. Walther. The Financial Reporting Environment：Review of the Recent Literature [J] . Journal of Accounting and Economics，2010，50（2–3）：296–343.

[52] Bharath S. T. ，Sunder J. ，Sunder S. V. Accounting Quality and Debt Contracting [J]. The Accounting Review，2008，83（1）：1–28.

[53] Black F. Noise [J]. Journal of Finance，1986（41）：529–543.

[54]Bleck A. ,Liu X. Market Transparency and the Accounting Regime[J]. Journal of Accounting Research，2007，45（2）：229–256.

[55] Bochkay K. ，Levine C. B. Using MD&A to Improve Earnings Forecasts [J] . Journal of Accounting，Auditing & Finance，2019，34（3）：458–482.

[56] Borisova G. ，Fotak V. ，Holland K. ，et al. Government Ownership and the Cost of Debt：Evidence from Government Investments in Publicly Traded Firms [J]. Journal of Financial Economics，2015，118（1）：168–191.

[57] Bradley D. E. ，Roberts J. A. Self - employment and Job Satisfaction：Investigating the Role of Self - efficacy，Depression，and Seniority [J]. Journal of Small Business Management，2004，42（1）：37–58.

[58] Brochet F. ，Miller G. S. ，Naranjo P. ，et al. Managers' Cultural Background and Disclosure Attributes [J] . The Accounting Review，2019，94（3）：57–86.

[59] Brockman P. , Cicon J. E. , Li X. , et al. Words versus Deeds : Evidence from Post - Call Manager Trades [J]. Financial Management, 2017a, 46 (4) : 965–994.

[60] Brockman P. , Khurana I. K. , Martin X. Voluntary Disclosures around Share Repurchases [J] . Journal of Financial Economics, 2008, 89 (1): 175–191.

[61] Brockman P. , Li X. , Price S. M. Conference Call Tone and Stock Returns : Evidence from the Stock Exchange of Hong Kong [J]. Asia - Pacific Journal of Financial Studies, 2017b, 46 (5): 667–685.

[62] Brockman P. , Li X. , Price S. M. Differences in Conference Call Tones : Managers vs. Analysts [J]. Financial Analysts Journal, 2015, 71 (4): 24–42.

[63] Brown S. V. , Tucker J. W. Large - Sample Evidence on Firms' Year - over-Year MD&A Modifications [J]. Journal of Accounting Research, 2011, 49 (2) : 309–346.

[64] Buehlmaier M. M. , Zechner J. Financial Media, Price Discovery, and Merger Arbitrage [R] . Center for Financial Studies, Working Paper, 2017.

[65] Bushman R. M. , Smith A. J. Financial Accounting Information and Corporate Governance [J]. Journal of Accounting and Economics, 2001, 32 (1–3) : 237–333.

[66] Callen J. L. , Fang X. Crash Risk and the Auditor–Client Relationship [J]. Contemporary Accounting Research, 2017, 34 (3) : 1715–1750.

[67] Callen J. L. , Fang X. Religion and Stock Price Crash Risk [J]. Journal of Financial and Quantitative Analysis, 2015, 50 (1–2) : 169–195.

[68] Campbell D. , Loumioti M. , Wittenberg-Moerman R. Making Sense of Soft Information : Interpretation Bias and Loan Quality [J] . Journal of Accounting and Economics, 2019, 68 (2–3).

[69] Cao C. , Xia C. , Chan K. C. Social Trust and Stock Price Crash Risk : Evidence from China [J]. International Review of Economics & Finance, 2016 (46) : 148–165.

[70] Carstens L. , Toni F. X. Enhancing Sentiment Extraction from Text by Means of Arguments [J]. In Proceedings of the Second International Workshop on Issues of Sentiment Discovery and Opinion Mining, 2017 (1–9) .

[71] Chen H. , De P. , Hu Y. J. , et al. Wisdom of Crowds : The Value of Stock Opinions Transmitted Through Social Media [J] . The Review of Financial Studies, 2014, 27 (5) : 1367–1403.

[72] Chen J. , Chan K. C. , Dong W. , et al. Internal Control and Stock Price Crash Risk : Evidence from China [J]. European Accounting Review, 2017, 26 (1) : 125–152.

[73] Chen W. , Zong L. , Huang W. , et al. An Empirical Study of Massively Parallel Bayesian Networks Learning for Sentiment Extraction from Unstructured Text [J]. In Asia-Pacific Web Conference, Springer, Berlin, Heidelberg, 2011 (April) : 424–435.

[74] Chen X. , Harford J. , Li K. Monitoring : Which Institutions Matter? [J]. Journal of Financial Economics, 2007, 86 (2) : 279–305.

[75] Cheng Q. , Warfield T. D. Equity Incentives and Earnings Management [J]. The Accounting Review, 2005, 80 (2) : 441–476.

[76] Claessens S. , Djankov S. , Lang L. H. The Separation of Ownership and Control in East Asian Corporations [J] . Journal of Financial Economics, 2000, 58 (1–2) : 81–112.

[77] Core J. E. , Holthausen R. W. , Larcker D. F. Corporate Governance, Chief Executive Officer Compensation, and Firm Performance [J] . Journal of Financial Economics, 1999, 51 (3) : 371–406.

[78] Dah M. A. Governance and Firm Value : The Effect of a Recession [J]. Research in International Business and Finance, 2016 (37) : 464–476.

[79] Das S. R., Chen M. Y. Yahoo! for Amazon: Sentiment Extraction from Small Talk on the Web [J]. Management Science, 2007 (53): 1375–1388.

[80] Datta S., Iskandar-Datta M., Raman K. Executive Compensation and Corporate Acquisition Decisions [J]. Journal of Finance, 2001, 56 (6): 2299–2336.

[81] Davis A. K., Ge W. L., Matsumoto D, et al. The Effect of Manager-Specific Optimism on the Tone of Earnings Conference Calls [J]. Review of Accounting Studies, 2015, 20 (2): 639–673.

[82] Davis A. K., Piger J. M., Sedor L. M. Beyond the Numbers: Measuring the Information Content of Earnings Press Release Language [J]. Contemporary Accounting Research, 2012, 29 (3): 845–868.

[83] Davis A. K., Tama-Sweet I. Managers' Use of Language across Alternative Disclosure Outlets: Earnings Press Releases versus MD&A [J]. Contemporary Accounting Research, 2011, 29 (3): 838–844.

[84] De Franco G., Hope O. K., Vyas D., et al. Analyst report readability [J]. Contemporary Accounting Research, 2015, 32 (1): 76–104.

[85] DeFond M. L., Hung M., Li S., et al. Does Mandatory IFRS Adoption Affect Crash Risk? [J]. The Accounting Review, 2015, 90 (1): 265–299.

[86] Demers E., Vega C. Linguistic Tone in Earnings Announcements: News or Noise [C]. FRB International Finance Discussion Paper, 2011: 951.

[87] Diacon S., Hasseldine J., Framing Effects and Risk Perception: The Effect of Prior Performance Presentation Format on Investment Fund Choice [J]. Journal of Economic Psychology, 2007, 28 (1): 31–52.

[88] Diamond D. W., Verrecchia R. E. Disclosure, Liquidity, and the Cost of Capital [J]. The journal of Finance, 1991, 46 (4): 1325–1359.

[89] Doran J. S., Peterson D. R., Price S. M. Earnings Conference Call

Content and Stock Price: The Case of REITs [J]. Journal of Real Estate Finance and Economics, 2010, 45 (2): 402–434.

[90] Durnev A., Kim E. H. To Steal or not to Steal: Firm Attributes, Legal Environment, and Valuation [J]. The Journal of Finance, 2005, 60 (3): 1461–1493.

[91] Durnev A., Mangen C. The Real Effects of Disclosure Tone: Evidence from Restatements [J]. Available at SSRN, http://ssrncom/abstract=1650003, 2011.

[92] Easterwood J. C., Nutt S. R. Inefficiency in Analysts' Earnings Forecasts: Systematic Misreaction or Systematic Optimism? [J]. The Journal of Finance, 1999, 54 (5): 1777–1797.

[93] Edmans A., Gabaix X. Is CEO Pay Really Inefficient? A Survey of New Optimal Contracting Theories [J]. European Financial Management, 2009, 15 (3): 486–496.

[94] Engelberg J., Reed A. V., Ringgenber M. C. How are Shorts Informed? Short Sellers, News, and Information Processing [J]. Journal of Financial Economics, 2012, 105 (2): 260–278.

[95] Engelberg J. Costly Information Processing: Evidence from Earnings Announcements [J]. In AFA 2009 San Francisco Meetings Paper (Available at SSRN: http://ssrncom/abstract=1107998).

[96] Ericsson J., Jacobs K., Oviedo R. The Determinants of Credit Default Swap Premia [J]. Journal of Financial and Quantitative Analysis, 2009, 44 (1): 109–132.

[97] Ertugrul M., Lei J., Qiu J., Wan C. Annual Report Readability, Tone Ambiguity, and the Cost of Borrowing [J]. Journal of Financial and Quantitative Analysis, 2017, 52 (2): 811–836.

[98] Fama E. F., French K. R. Common Risk Factors in the Returns on Stocks and Bonds [J]. Journal of Financial Economics, 1993, 33 (1): 3–56.

[99] Fan J. P. H. , Wong T. J. Do External Auditors Perform a Corporate Governance Role in Emerging Markets? Evidence from East Asia [J]. Journal of Accounting Research, 2005, 43 (1): 35–72.

[100] Feldman R. , Govindaraj S. , Livnat J. , et al. Management's Tone Change, Post Earnings Announcement Drift and Accruals [J]. Review of Accounting Studies, 2010, 15 (4): 915–953.

[101] Ferris S. P. , Hao G. Q. , Liao M. The Effect of Issuer Conservatism on IPO Pricing and Performance [J]. Review of Finance, 2013, 7 (3): 993–1027.

[102] Fields T. D. , Lys T. Z. , Vincent L. Empirical Research on Accounting Choice [J]. Journal of Accounting and Economics, 2001, 31 (1–3): 255–307.

[103] Francis J. , Philbrick D. Analysts' Decisions as Products of a Multi-Task Environment [J]. Journal of Accounting Research, 1993, 31 (2): 216–230.

[104] Friedlan J. M. Accounting Choices of Issuers of Initial Public Offerings [J]. Contemporary Accounting Research, 1994, 11 (1): 1–31.

[105] Fu X. , Wu X. , Zhang Z. The Information Role of Earnings Conference Call Tone : Evidence from Stock Price Crash Risk [J]. Journal of Business Ethics, 2019 (1): 18.

[106] Garcia D. Sentiment During Recessions [J]. The Journal of Finance, 2013, 68 (3): 1267–1300.

[107] Glaser M. , Weber M. Why Inexperienced Investors Do not Learn : They Do not Know Their Past Portfolio Performance [J]. Finance Research Letters, 2007, 4 (4): 203–216.

[108] Gul F. A. , Chen C. J. , Tsui J. S. Discretionary Accounting Accruals, Managers' Incentives, and Audit Fees [J]. Contemporary Accounting Research, 2003, 20 (3): 441–464.

[109] Guo L. , Masulis R. W. Board Structure and Monitoring : New Evidence from CEO Turnovers [J] . The Review of Financial Studies, 2015, 28 (10) : 2770–2811.

[110] Guo L. , McCombs M. E. The Power of Information Networks : New Directions for Agenda Setting [M] . London : Routledge, 2015.

[111] Gupta K. , Krishnamurti C. Do Macroeconomic Conditions and Oil Prices Influence Corporate Risk-Taking? [J] . Journal of Corporate Finance, 2018 (53) : 65–86.

[112] Hackenbrack K. E. , Jenkins N. T. , Pevzner M. Relevant but Delayed Information in Negotiated Audit Fees [J] . Auditing : A Journal of Practice & Theory, 2014, 33 (4) : 95–117.

[113] Hall E. T. Beyond Culture [M] . New York : Anchor Press, 1976.

[114] Hambrick D. C. , Mason P. A. Upper Echelons : The Organization as a Reflection of Its Top Managers [J] . Academy of Management Review, 1984, 9 (2) : 193–206.

[115] Hamm S. J. W. , Li E. X. , Ng J. Management Earnings Guidance and Stock Price Crash Risk [C] . Japan Accounting Review Conference, 2012.

[116] Healy P. M. , Palepu K. G. Information Asymmetry, Corporate Disclosure, and the Capital Markets : A Review of the Empirical Disclosure Literature [J] . Journal of Accounting and Economics, 2001, 31 (1–3) : 405–440.

[117] Healy P. M. The Effect of Bonus Schemes on Accounting Decisions [J] . Journal of Accounting and Economics, 1985, 7 (1–3) : 85–107.

[118] Henry E. Market Reaction to Verbal Components of Earnings Press Releases : Event Study Using a Predictive Algorithm [J] . Journal of Emerging Technologies in Accounting, 2006 (3) : 1–19.

[119] Henry E. Are Investors Influenced by How Earnings Press Releases Are Written? [J] . The Journal of Business Communication, 2008, 45 (4) :

363–407.

[120] Hermalin B. E. , Weisbach M. S. Endogenously Chosen Boards of Directors and their Monitoring of the CEO [J]. American Economic Review, 1998, 10 (9): 96–118.

[121] Hirth S. Credit Rating Dynamics and Competition [J]. Journal of Banking & Finance, 2014 (49): 100–112.

[122] Hsu C. , Kross W. The Market Pricing of Special Items that are Included Versus Excluded From "Street" Earnings [J]. Contemporary Accounting Research, 2011 (28): 990–1017.

[123] Huang A. H. , Zang A. Y. , Zheng R. Evidence on the Information Content of Text in Analyst Reports [J]. The Accounting Review, 2014a, 89 (6): 2151–2180.

[124] HuangX. , Teoh H. , Zhang S. Y. Tone Management [J]. Accounting Review, 2014b, 89 (3): 1083–1113.

[125] Hutton A. P. , Marcus A. J. , Tehranian H. Opaque Financial Reports, R2, and Crash Risk [J]. Journal of Financial Economics, 2009, 94 (1): 67–86.

[126] Ikenberry D. , Lakonishok J. , Vermaelen T. Market Underreaction to Open Market Share Repurchases [J]. Journal of Financial Economics, 1995, 39 (2–3): 181–208.

[127] Jarque A. , Muth J. Evaluating Executive Compensation Packages [J]. Healthcare Executive, 2013, 14 (3): 58–59.

[128] Jegadeesh N. , Wu D. Word Power : A New Approach for Content Analysis [J]. Journal of Financial Economics, 2013, 110 (3): 712–729.

[129] Jiang F. , Kim K. A. Corporate Governance in China : A Modern Perspective [J]. Journal of Corporate Finance, 2015 (32): 190–216.

[130] Jiang F. , Lee J. , Martin X. , et al. Manager Sentiment and Stock Returns [J]. Journal of Financial Economics, 2019, 132 (1): 126–149.

[131] Jin L. , Myers S. C. R2 around the World : New Theory and New Tests [J]. Journal of Financial Economics, 2006, 79 (2) : 257–292.

[132] Kiesel F. Capital Market Reactions and the Content of Credit Rating Reports : A Textual Analysis [J]. 2016 Available at SSRN : https : //ssrncom/abstract=2781991.

[133] Kim J. B. , Li Y. , Zhang L. CFOs versus CEOs : Equity Incentives and Crashes [J]. Journal of Financial Economics, 2011a, 101 (3) : 713–730.

[134] Kim J. B. , Li Y. , Zhang L. Corporate Tax Avoidance and Stock Price Crash Risk : Firm-level Analysis [J]. Journal of Financial Economics, 2011b, 100 (3) : 639–662.

[135] Kim J. B. , Zhang L. Accounting Conservatism and Stock Price Crash Risk : Firm-Level Evidence [J]. Contemporary Accounting Research, 2016, 33, (1) : 412–441.

[136] Kim S. M. , Hovy E. Extracting Opinions, Opinion Holders, and Topics Expressed in Online News Media Text [C]. Proceedings of the Workshop on Sentiment and Subjectivity in Text Association for Computational Linguistics, 2006 : 1–8.

[137] Klein A. Audit Committee, Board of Director Characteristics, and Earnings Management [J]. Journal of Accounting and Economics, 2002, 33 (3): 375–400.

[138] Konar S. , Cohen M. A. Information of Regulation : The Effect of Community Right to Know Laws on Toxic Emissions [J] . Journal of Environmental Economics and Management, 1997, 32 (1) : 109–124.

[139] Kothari S. P. , Shu S. , Wysocki P. D. Do Managers Withhold Bad News? [J]. Journal of Accounting research, 2009, 47 (1) : 241–276.

[140] Kühberger A. The Influence of Framing on Risky Decisions : A Meta-Analysis [J]. Organizational Behavior and Human Decision Processes, 1998, 75 (1) : 23–55.

[141] Larker D. , Zakolyukina A. Detecting Deceptive Discussions in Conference Calls [J]. Journal of Accounting Research, 2012, 50 (2): 495–540.

[142] Lehavy R. , Li F. , Merkley K. The Effect of Annual Report Readability on Analyst Following and the Properties of Their Earnings Forecasts [J]. Accounting Review, 2011 (86): 1087–1115.

[143] Leung H. , Ton T. The Impact of Internet Stock Message Boards on Cross-Sectional Returns of Small-Capitalization Stocks[J]. Journal of Banking & Finance, 2015 (55): 37–55.

[144] Levin I. P. , Schneider S. L. , Gaeth G. J. All Frames are not Created Equal : A Typology and Critical Analysis of Framing Effects [J]. Organizational Behavior and Human Decision Processes, 1998, 76 (2): 149–188.

[145] Li J. , Ren F. Emotion Recognition from Blog Articles [C]. 2008 IEEE International Conference on Natural Language Processing and Knowledge Engineering, 2008 : 1–8.

[146] Li X. , Shen D. , Zhang W. Do Chinese Internet Stock Message Boards Convey Firm-Specific Information? [J] . Pacific-Basin Finance Journal, 2018 (49): 1–14.

[147] Li X. , Wang S. S. , Wang X. Trust and Stock Price Crash Risk : Evidence from China [J]. Journal of Banking & Finance, 2017 (76): 74–91.

[148] Li S. , Zhan X. Product Market Threats and Stock Crash Risk [J]. Management Science, 2019, 65 (9): 4011–4031.

[149] Li F. Annual Report Readability, Current Earnings, and Earnings Persistence [J]. Journal of Accounting & Economics, 2008a, 45 (2–3): 221–247.

[150] Li F. Textual Analysis of Corporate Disclosures : A Survey of the Literature [J] . Journal of Accounting Literature, 2010a (29): 143–165.

[151] Li F. The Information Content of Forward - Looking Statements in

Corporate Filings—A Naïve Bayesian Machine Learning Approach [J]. Journal of Accounting Research, 2010b, 48 (5): 1049–1102.

[152] Liu B. , McConnell J. J. The Role of the Media in Corporate Governance : Do the Media Influence Managers' Capital Allocation Decisions? [J]. Journal of Financial Economics, 2013, 110 (1): 1–17.

[153] Longstaff F. A. , Schwartz E. S. A Simple Approach to Valuing Risky Fixed and Floating Rate Debt [J]. The Journal of Finance, 1995, 50 (3): 789–819.

[154] Loughran T. , McDonald B. IPO First-Day Returns, Offer Price Revisions, Volatility, and Form S-1 language [J]. Journal of Financial Economics, 2013, 109 (2): 307–326.

[155] Loughran T. , McDonald B. Measuring Readability in Financial Disclosures [J]. The Journal of Finance, 2014b, 69 (4): 1643–1671.

[156] Loughran T. , McDonald B. Regulation and Financial Disclosure : The Impact of Plain English [J]. Journal of Regulatory Economics, 2014a, 45 (1): 94–113.

[157] Loughran T. , McDonald B. When is a Liability not a Liability? [J]. Journal of Finance, 2011, 66 (1): 35–65.

[158] Lu C. W. , Chen T. K. , Liao H. H. Information Uncertainty, Information Asymmetry and Corporate Bond Yield Spreads [J]. Journal of Banking & Finance, 2010, 34 (9): 2265–2279.

[159] Luchins A. S. Definitiveness of Impression and Primacy-Recency in Communications [J]. The Journal of Social Psychology, 1958, 48 (2): 275–290.

[160] Malkiel B. G. , Fama E. F. Efficient Capital Markets : A Review of Theory and Empirical Work [J]. The Journal of Finance, 1970, 25 (2): 383–417.

[161] McCombs M. E. , Shaw D. L. The Agenda-setting Function of Mass

Media [J]. Public Opinion Quarterly, 1972, 36 (2): 176–187.

[162] Milgrom P. , Roberts J. Limit Pricing and Entry under Incomplete Information : An Equilibrium Analysis [J]. Econometrica : Journal of the Econometric Society, 1982 (50): 443–459.

[163] Milgrom P. , Roberts J. Price and Advertising Signals of Product Quality [J]. Journal of Political Economy, 1986, 94 (4): 796–821.

[164] Mola S. , Guidolin M. Affiliated Mutual Funds and Analyst Optimism [J]. Journal of Financial Economics, 2009, 93 (1): 108–137.

[165] Nelson K. K. , Pritchard A. C. Litigation Risk and Voluntary Disclosure : The Use of Meaningful Cautionary Language [C]. 2nd Annual Conference on Empirical Legal Studies Paper, 2007.

[166] Nelson P. Advertising as Information [J]. Journal of Political Economy, 1974, 82 (4): 729–754.

[167] O'Brien P. C. , McNichols M. F. , Hsiou - Wei L. Analyst Impartiality and Investment Banking Relationships [J]. Journal of Accounting Research, 2005, 43 (4): 623–650.

[168] O'Neil J. Entity Sentiment Extraction Using Text Ranking [C]. Proceedings of the 35th international ACM SIGIR Conference on Research and Development in Information Retrieval, 2012 : 1024.

[169] Ozik G. , Sadka R. Media Coverage and Hedge Fund Returns [J]. Financial Analysts Journal, 2013, 69 (3): 57–75.

[170] Pang B. , Lee L. , Vaithyanathan S. Thumbs up : Sentiment Classification using Machine Learning Techniques [C]. Proceedings of the ACL-02 Conference on Empirical Methods in Natural Language Processing-Volume 10 Association for Computational Linguistics, 2002 : 79–86.

[171] Price M. K. , Doran J. S. , Peterson D. R. A Bliss Earnings Conference Calls and Stock Returns : The Incremental Informativeness of Textual Tone [J]. Journal of Banking & Finance, 2012, 36 (4): 992–1011.

[172] Rees L., Twedt B. Reading between the Lines: An Empirical Examination of Qualitative Attributes of Financial Analysts' Reports [J]. Journal of Accounting and Public Policy, 2012 (31): 1–21.

[173] Ritter J. R. Behavioral Finance [J]. Pacific-Basin Finance Journal, 2003, 11 (4): 429–437.

[174] Rogers J. L., Van Buskirk A., Zechman S. L. C. Disclosure Tone and Shareholder Litigation [J]. Accounting Review, 2011, 86 (6): 2155–2183.

[175] Routray P., Swain C. K., Mishra S. P. A Survey on Sentiment Analysis International [J]. Journal of Computer Applications, 2013, 76 (10): 76–83.

[176] Shan Y. G. Do Corporate Governance and Disclosure Tone Drive Voluntary Disclosure of Related-Party Transactions in China? [J]. Journal of International Accounting, Auditing and Taxation, 2019 (34): 30–48.

[177] Shaw D. L., McCombs M. E., Keir G. Advanced Reporting: Discovering Patterns in News Events [M]. Fulcrum Publishing, 1997.

[178] Sinha N. R. Underreaction to News in the US Stock Market [J]. Quarterly Journal of Finance, 2016, 6 (2): 1–46.

[179] Stanley J., De Zoort F. T., Taylor G. The Association between Insider Trading Surrounding Going Concern Audit Opinions and Future Bankruptcy [J]. Managerial Auditing Journal, 2009, 24 (3): 290–312.

[180] Stattman D. Book Values and Stock Returns [J]. The Chicago MBA: A Journal of Selected Papers, 1980, 4 (1): 25–45.

[181] Stone P. J., Dunphy D. C., Smith M. S., et al. The General Inquirer: A Computer Approach to Content Analysis [M]. Cambridge: MIT Press, 1966.

[182] Tan S-K., Tan H-T. Effects of Exposure to Subsequently Invalidated Evidence on Judgments of Audit Workpaper Preparers and Reviewers [J].

Contemporary Accounting Research, 2008, 25 (3): 921–946.

[183] Teoh S. H., Welch I., Wong T. J. Earnings Management and the Long-run Market Performance of Initial Public Offerings [J]. The Journal of Finance, 1998, 53 (6): 1935–1974.

[184] Tetlock P. C., Saar-Tsechansky M., Macskassy S. More than Words: Quantifying Language to Measure Firms' Fundamentals [J]. Journal of Finance, 2008 (63): 1437–1467.

[185] Tetlock P. C. Giving Content to Investor Sentiment: The Role of Media in the Stock Market [J]. Journal of Finance, 2007 (62): 1139–1168.

[186] Tversky A., Kahneman D. The Framing of Decisions and the Psychology of Choice [J]. Science, 1981, 211 (4481): 453–458.

[187] United States. Securities and Exchange Commission. Office of Investor Education. A Plain English Handbook: How to Create Clear SEC Disclosure Documents [M]. Montezuma: Montezuma Publishing, 2004.

[188] Watts R. L., Zimmerman J. L. Agency Problems, Auditing, and the Theory of the Firm: Some Evidence [J]. The Journal of Law and Economics, 1983, 26 (3): 613–633.

[189] Wright G., Goodwin P. Eliminating a Framing Bias by Using Simple Instructions to "Think Harder" and Respondents with Managerial Experience: Comment on "Breaking the Frame" [J]. Strategic Management Journal, 2002, 23 (11): 1059–1067.

[190] Wu D. X., Yao X., Guo J. L. Is Textual Tone Informative or Inflated for Firm's Future Value? Evidence from Chinese Listed Firms [J]. Economic Modelling, 2020 (94): 513–525.

[191] Xu N., Li X., Yuan Q., et al. Excess Perks and Stock Price Crash Risk: Evidence from China [J]. Journal of Corporate Finance, 2014 (25): 419–434.

[192] Yan Y., Xiong X., Meng J. G., et al. Uncertainty and IPO Initial

Returns：Evidence from the Tone Analysis of China's IPO Prospectuses [J]. Pacific-Basin Finance Journal，2019 (57)：1075.

[193] Yi J.，Nasukawa T.，Bunescu R.，et al. Sentiment Analyzer：Extracting Sentiments about a Given Topic using Natural Language Processing Techniques [C]. Third IEEE International Conference on Data Mining IEEE，2003：427–434.

[194] Yin Y.，Tian R. Investor Sentiment，Financial Report Quality and Stock Price Crash Risk：Role of Short-Sales Constraints [J]. Emerging Markets Finance and Trade，2017，53 (3)：493–510.

[195] Zhang M.，Xie L.，Xu H. Corporate Philanthropy and Stock Price Crash Risk：Evidence from China [J]. Journal of Business Ethics，2016，139 (3)：595–617.